ବୃତ୍ତ

ବୃତ୍ତ

ଦୀପକ ମିଶ୍ର

ବ୍ଲାକ୍ ଈଗଲ୍ ବୁକ୍ସ
ଭୁବନେଶ୍ୱର, ଓଡ଼ିଶା

BLACK EAGLE BOOKS
Dublin, USA

ବୃତ୍ତ / ଦୀପକ ମିଶ୍ର

ବ୍ଲାକ୍ ଇଗଲ୍ ବୁକ୍ସ : ଭୁବନେଶ୍ୱର, ଓଡ଼ିଶା • ଡବ୍‌ଲିନ୍, ଯୁକ୍ତରାଷ୍ଟ୍ର ଆମେରିକା

BLACK EAGLE BOOKS

USA address:
7464 Wisdom Lane
Dublin, OH 43016

India address:
E/312, Trident Galaxy, Kalinga Nagar,
Bhubaneswar-751003, Odisha, India

E-mail: info@blackeaglebooks.org
Website: www.blackeaglebooks.org

First International Edition Published by
BLACK EAGLE BOOKS, 2022

BRUTA
by **Deepak Mishra**

Copyright © **Deepak Mishra's family**

All rights reserved. No part of this publication may be reproduced, stored in a retrieval system, or transmitted, in any form or by any means, electronic, mechanical, photocopying, recording or otherwise without the prior permission of the publisher.

Cover & Interior Design: Ezy's Publication

ISBN- 978-1-64560-092-3 (Paperback)

Printed in the United States of America

ଏ ସଂକଳନ ଭିତରେ

ଅପଭ୍ରଂଶ	୨୩
ବିଚାର	୨୭
ଚୁକ୍ତି	୩୧
ପରିଶିଷ୍ଟ	୩୪
ଦୃଷ୍ଟାନ୍ତ	୩୬
ଲୋଡ଼ା ନାଇଁ	୩୮
ପାରିହେବା	୪୦
ନାମକରଣ	୪୨
ଆକାଶର ନୂତନ ଓ୍ୟାରିଜା	୪୬
ସୁଦୂର ଅତୀତ	୪୯
ଏକ ଅଲୌକିକ ଇଚ୍ଛାର ବୃତ୍ତ	୫୨
କାୟା-ପ୍ରବେଶ	୫୫
ବନବାସ	୫୯
ପବନର ବି କାନ ଅଛି	୬୨
ଅନତିକ୍ରମଣ	୬୫
ଅପହରଣ	୬୭
ସାପଖେଳ	୬୯
ବୃତ୍ତାଂତ	୭୧

କୃତଜ୍ଞ ରହିଲି...

"ବୃତ୍ତ" ମୋର ସପ୍ତମ କବିତା-ସଂକଳନ। କଳେବର ଦୃଷ୍ଟିରୁ ଏହା ଯେ କ୍ଷୀଣକାୟ ତା'ର ସୂଚନା ଏ ନିଜେ। ତେବେ ଏପରି ଏକ ସଂକଳନର ତାତ୍ପର୍ଯ୍ୟ ଯଥେଷ୍ଟ, କବିତାମାନଙ୍କ ଅନ୍ତଃସ୍ୱରର ଐକ୍ୟତାନର ପୃଷ୍ଠଭୂମିରେ। ଜୀବନର ବିଭିନ୍ନ ଅନୁଭୂତି ଓ ଅଭିଜ୍ଞତା; ପୁଣି ସେହି ସେହି ଅଭିଜ୍ଞତାର ଅନୁଶୀଳନ ମୋର କବିତାର ମୂଳବିନ୍ଦୁ; ଏହା ମୁଁ ବହୁବାର କହିଛି। ତେବେ ଏ କଥା ମୁଁ ବାରଂବାର ନିଜକୁ ବୁଝାଇଛି ଯେ ପ୍ରତ୍ୟେକ ଅଭିଜ୍ଞତା ଓ ଅନୁଭୂତି କେବେ କବିତା ହୁଏନି; ହୁଏନି କବିତାର ବୃତ୍ତ ବା ପରିଧି; ଏପରିକି ଅସ୍ପଷ୍ଟ ରେଖା ମଧ୍ୟ। କିନ୍ତୁ କୌଣସି କୌଣସି ଅନୁଭୂତି ଓ ତାହାର ଅନ୍ତର୍ନିହିତ ପ୍ରଭାବ ଏତେ ବେଶୀ ତୀବ୍ରତା ଆଣେ, ଯାହାର କାବ୍ୟିକ - ଆତ୍ମ ପ୍ରକାଶ ସେ ନିଜେ ହିଁ କରିଥାଏ। ଏ ସଂକଳନର ସମୁଦାୟ କବିତା ଜୀବନର ଗୋଟିଏ ଅବସ୍ଥାର ଅନେକ ଅନୁଭୂତିର ଫଳସ୍ୱରୂପ; ସେଇଥିପାଇଁ ଏମାନଙ୍କୁ ଏକାଠି କରି ରଖିଦେଲି।

ବିଶ୍ୱାସ; ମୋର ଅନ୍ୟାନ୍ୟ ଛଅଗୋଟି ସଂକଳନ ପରି "ବୃତ୍ତ" ଓଡ଼ିଆ କବିତାର ଏକନିଷ୍ଠ ତଥା ବିଦଗ୍ଧ ପାଠକଙ୍କୁ ସ୍ପର୍ଶ କରିବ ଏବଂ ସେ ସ୍ପର୍ଶର ଗଭୀରତା ହିଁ ଏଇ କବିତାମାନଙ୍କ ମୂଲ୍ୟାୟନ ପାଇଁ ଏକମାତ୍ର ମାପକାଠି।

ସାଂପ୍ରତିକ ଓଡ଼ିଆ କବିତା ଓ ମୋର ସାମାନ୍ୟତମ କାବ୍ୟିକ ସୃଷ୍ଟି ସଂପର୍କରେ ସମାଲୋଚକ ଓ ଅଧ୍ୟାପକ ବଂଧୁ ଶ୍ରୀଯୁକ୍ତ ବୈଷ୍ଣବ ଚରଣ ସାମଲ ଯେଉଁ ମୂଲ୍ୟାଙ୍କନ କରିଛନ୍ତି, ସଂପୂର୍ଣ୍ଣ ନିଜସ୍ୱ ଅନୁଧ୍ୟାନ ଓ ଅନୁଶୀଳନର ଭିତ୍ତିରେ; ସେଥିପାଇଁ ମୁଁ ତାଙ୍କୁ ଆନ୍ତରିକ ସ୍ନେହ ଓ କୃତଜ୍ଞତା ଜ୍ଞାପନ କରୁଛି।

ସଂପୃକ୍ତ କବିତାମାନେ ବିଭିନ୍ନ ସମୟରେ "ଝଂକାର", "ନବରବି", "ଆସଂତା କାଲି", "ସପ୍ତର୍ଷି", "ସମାବେଶ" ପ୍ରଭୃତି ପତ୍ରିକାରେ ପ୍ରକାଶିତ ଓ କେତେକ ଆକାଶବାଣୀ କଟକ କେନ୍ଦ୍ରରେ ପ୍ରଚାରିତ। ସଂଶ୍ଳିଷ୍ଟ ସଂପାଦକ ଓ କର୍ତ୍ତୃପକ୍ଷଙ୍କୁ ଧନ୍ୟବାଦ ଜଣାଉଛି ଏଥି ସହିତ।

ମୋର ଆନ୍ତରିକ ଶୁଭେଚ୍ଛା ପ୍ରକାଶକ ଶ୍ରୀଯୁକ୍ତ କୃଷ୍ଣଚନ୍ଦ୍ର ବେହେରାଙ୍କୁ; ଯାହାଙ୍କ ଉତ୍ସାହରେ "ବୃତ୍ତ" ଆଜି ସୂର୍ଯ୍ୟାଲୋକର ସ୍ପର୍ଶ ଅନୁଭବ କରିପାରିଲା।

ମହାଳୟା-୧୯୭୫ **ଦୀପକ ମିଶ୍ର**

କେନ୍ଦ୍ରାପଡ଼ା କଲେଜ, କେନ୍ଦ୍ରାପଡ଼ା, କଟକ

କବିଙ୍କ ଅନ୍ୟାନ୍ୟ ଗ୍ରନ୍ଥ-

ଅସମାପିକା-୧୯୬୧

ଦୀପକ ମିଶ୍ରଙ୍କ କେତୋଟି କବିତା-୧୯୬୩

ଅନୁଷ୍ଟୁପ୍-୧୯୬୮

ନିଷିଦ୍ଧ ହ୍ରଦ-୧୯୭୦

ନିର୍ଜନ ନକ୍ଷତ୍ର-୧୯୭୧

ମଧ୍ୟାହ୍ନର ଛାଇ-୧୯୭୪

'ବୃତ୍ତ' ଓ କବି ଦୀପକ ମିଶ୍ର

'ବୃତ୍ତ' କବି ଦୀପକ ମିଶ୍ରଙ୍କର ସପ୍ତମ କବିତା ସଂକଳନ। ବିଗତ ପନ୍ଦର ବର୍ଷ ଧରି କବି ନିରବଚ୍ଛିନ୍ନ ଭାବରେ ଆଧୁନିକ ଓଡ଼ିଆ କବିତା କ୍ଷେତ୍ରରେ ନାନା ପରୀକ୍ଷା ନିରୀକ୍ଷା କରି ଆସିଛନ୍ତି - ତଥାପି ତାଙ୍କର ପରୀକ୍ଷାର ଶେଷ ନାହିଁ। ଜୀବନର ବିରାଟ ବିପୁଳ ବୃତ୍ତର କେନ୍ଦ୍ରବିନ୍ଦୁରେ କବି ଏକ ପାଦ ରଖି ଅନ୍ୟପାଦକୁ ସେହି ବୃତ୍ତର ପରିଧିରେ ଅବସ୍ଥାପିତ କରି ସତତ ଘୂର୍ଣ୍ଣାୟମାନ। ତାଙ୍କର କାବ୍ୟ ପୁରୁଷ ସ୍ଥିର ନୁହେଁ-ଗତିଶୀଳ ଏକ ପୂର୍ଣ୍ଣ ସତ୍ୟ ଲଭ କରିବା ଆଶାରେ। ଏହି ସତ୍ୟ ପାର୍ଥିବ ଜୀବନର ସ୍ଥୁଳ ସତ୍ୟ ନୁହେଁ - ପାର୍ଥିବ ଜୀବନର ପ୍ରେମ ଓ ଯନ୍ତ୍ରଣା, ବ୍ୟଥା ଓ ବିଫଳତା, ନୈରାଶ୍ୟ ଓ ଶୋଚନୀୟତା, ବିଚ୍ଛିନ୍ନତା ଓ ନିଃସଙ୍ଗତା, ପ୍ରାପ୍ତି ଓ ଅପ୍ରାପ୍ତି - ଏହି ଦର୍ପିତ ଅବିଚଳିତ କାବ୍ୟପୁରୁଷକୁ ବେଳେ ବେଳେ ବିଚଳିତ କରିଛି ସତ୍ୟ ମାତ୍ର ଲକ୍ଷ୍ୟଚ୍ୟୁତ କରାଇ ପାରିନାହିଁ - ଏକ ଇନ୍ଦ୍ରିୟୋତ୍ତର ତୈଜସ ସତ୍ୟର ଉଦ୍‌ଘାଟନ ପାଇଁ ଏହି କାବ୍ୟ ପୁରୁଷ ଗତି କରିଛି ଦୁର୍ନିବାର ଭାବରେ। ସପ୍ତଦଶକର ଆରମ୍ଭରେ ଏହି କାବ୍ୟପୁରୁଷ 'ଅସମାପିକା'ର ଯନ୍ତ୍ରଣାକ୍ତ ଅନ୍ତର୍ଧ୍ୱନି ସୃଷ୍ଟି କରି ପରେ ପରେ ନିଃସଙ୍ଗ ବ୍ୟକ୍ତିଚିତ୍ତର ମୃତ୍ୟୁମୁଖୀନ କେତୋଟି ଅନ୍ତଃସଂଳାପକୁ

ନିଜେ ଶୁଣି, ଶୁଣାଇଛି ଯୁଗମଣିଷକୁ ଏବଂ ପରେ ଅର୍ଥାତ୍ ୧୯୬୮ ମସିହା ବେଳକୁ ସପ୍ତଦଶକର କାବ୍ୟପୁରୁଷର ମଧ୍ୟବର୍ତ୍ତୀ ଅନ୍ତର୍ଦୃଷ୍ଟି ଭାରତୀୟ ବୈଦିକ ପରମ୍ପରାରେ ଅନୁରଣିତ ହୋଇ ତୈଜସ-ଭାବ-ଭାବିତ ଊର୍ଦ୍ଧ୍ୱାୟିତ ଆତ୍ମ-ପୁରୁଷର ସାଂଗୀତିକ ସଲିଳକି 'ଅନୁଷ୍ଟୁପ୍' ଶୁଣାଇଛି। ପ୍ରଥମ ପର୍ଯ୍ୟାୟର ସମାଜ-ମଣିଷ କ୍ରମେ ମଧ୍ୟବର୍ତ୍ତୀ ପର୍ଯ୍ୟାୟରେ ବ୍ୟକ୍ତି-ମଣିଷ ସ୍ତରକୁ ଗତିକରି ଏକାକୀତ୍ୱବୋଧର ଉଦାତ୍ତ ସାମସଙ୍ଗୀତ ଗାନ କଲାବେଳେ ଏହି ବ୍ୟକ୍ତିନିଷ୍ଠ କାବ୍ୟପୁରୁଷ କାହିଁକି ସମାଜ-ମଣିଷର ବିପୁଳ ବୃତ୍ତରୁ ଖାପଛଡ଼ା ମନେ ହୋଇଥାଏ ଏବଂ ଏହା ହେବାଇ ସ୍ୱାଭାବିକ; ଯେହେତୁ ବ୍ୟକ୍ତି-ମଣିଷର ଏକାନ୍ତ ସୂକ୍ଷ୍ମସତ୍ତା ଓ ସୂକ୍ଷ୍ମବୋଧିର ଅନ୍ତର୍ଜଗତଠାରୁ ସମାଜ-ମଣିଷର ସ୍ଥୂଳ-ଭାବ-ଜଗତ ଭିନ୍ନ ଏକ ଊର୍ଦ୍ଧ୍ୱାୟିତ ଜଗତପାଇଁ ଆଶାନ୍ୱିତ ସମ୍ଭୋଗାତ୍ମକ ଅଭିବ୍ୟକ୍ତି। ତେଣୁ 'ଅନୁଷ୍ଟୁପ୍'ର ଅଭିବ୍ୟକ୍ତି ବ୍ୟକ୍ତିପୁରୁଷର ଯନ୍ତ୍ରଣାକ୍ତ ଅଭିବ୍ୟକ୍ତି ଏବଂ ନୂତନ କିଛି ଅନ୍ୱେଷାର ଉଚ୍ଚକିତ ଅଭିଳାଷ। ଏହି କାରଣରୁ ସପ୍ତଦଶକର ଶେଷବେଳକୁ ଏହି କାବ୍ୟପୁରୁଷ କ୍ରମେ ଧ୍ୟାନଗମ୍ଭୀର ହୋଇପଡ଼ିଛି ଓ ତାର ଇଲକାକୁ ଏକ "ନିଷିଦ୍ଧ ହ୍ରଦ" ରୂପେ ପରିକଳ୍ପନା କରିଛି। ଏହି ହ୍ରଦ ତରଙ୍ଗ ବିଧୂନିତ-ମୃତ୍ୟୁର ତୀବ୍ର ଅଥଚ ବେଗବାନ୍ ସ୍ରୋତ ଏହା ମଧ୍ୟରେ ପ୍ରବାହିତ। କେଡ଼େ ଭୀଷଣ ଏହି ହ୍ରଦ; - ତେଣୁ ନିଷିଦ୍ଧ, କାହାପାଇଁ ନିଷିଦ୍ଧ? ଏହି କ୍ଷେତ୍ରରେ ସମାଜ-ମଣିଷ ଅନୁଭବ କରେ ଏଇ ହ୍ରଦ ସେମାନଙ୍କ ପାଇଁ ନିଷିଦ୍ଧ-ସେମାନେ ଦୂରରୁ ଦେଖନ୍ତି ବ୍ୟକ୍ତି-ମଣିଷ ଏ ହ୍ରଦରେ ଅବଗାହନ କରେ - ବିକଳ ବିଧୁତ ବାଣୀ ପ୍ରକାଶ କରେ। ତଥାପି ସେମାନେ ସେହି ବ୍ୟକ୍ତି ମଣିଷ ନିକଟକୁ ଯାଇ ପାରନ୍ତି ନାହିଁ-ହ୍ରଦର ଗଭୀରତାକୁ ଉପଲବ୍ଧି କରନ୍ତି ନାହିଁ-ଭୀଷଣତାକୁ ଅନୁଭବ କରିପାରନ୍ତି ନାହିଁ। ବ୍ୟକ୍ତି-ମଣିଷ ଯେତେବେଳେ ଉପଲବ୍ଧି କଲା ତାକୁ ସେହି ଭୀଷଣ ହ୍ରଦରୁ କେହି ରକ୍ଷାକରୁ ନାହିଁ-କେହି ତା'ପାଖକୁ ଯାଉ ନାହିଁ - ସମସ୍ତେ ନିଜ ନିଜର ଅହଂକୁ ନେଇ ନିର୍ବିକାର ଭାବରେ ଗତିସ୍ମାନ୍- ସେତିକିବେଳେ ସେହି ନିଃସଙ୍ଗ ବ୍ୟକ୍ତି ମଣିଷର ଅନ୍ତରାତ୍ମାକୁ ମୃତ୍ୟୁର ଶୀତଳ ବାହୁ ସତେଯେପରି ଆଲିଙ୍ଗନ କରୁଛି-ଏଥିରୁ ତାର ମୁକ୍ତି ନାହିଁ - ତାର ପ୍ରେମ, ପ୍ରଣୟ, ଇନ୍ଦ୍ରିୟ ଜଗତ, ସମୟର ଜ୍ୱାଳା ସବୁ ଯେପରି ଅପସରି ଯାଉଛି - ଊର୍ଦ୍ଧ୍ୱବାହୁ ହୋଇ ସେହି ବ୍ୟକ୍ତିମଣିଷ ଉପରକୁ ଚାହିଁରହୁଛି - 'ନିର୍ଜନ ନକ୍ଷତ୍ର'ର ନିର୍ଜନତା ସତ୍ତ୍ୱେ ତଥାପି ସ୍ଥିର ଜ୍ୟୋତି ସତେଯେପରି ସେହି ନିଃସଙ୍ଗ ବ୍ୟକ୍ତି-ପୁରୁଷକୁ ଦେଇଛି ଆଶା ଆଶାସ୍ୱନା। ଅଷ୍ଟମ ଦଶକର ଆରମ୍ଭରେ ଏହି ଆଶାର ବାଣୀ ଶୁଣାଇ ପରେ ପରେ ଏ କାବ୍ୟ ପୁରୁଷର ନିଷିଦ୍ଧ ହ୍ରଦରେ "ମଧ୍ୟାହ୍ନର ଛାଇ" ପ୍ରତିବିମ୍ବିତ ହୋଇଛି। ମଧ୍ୟାହ୍ନର ଛାଇ! ସତ୍ତା ଓ ଛାୟା ଏକ ଏବଂ ଅଭିନ୍ନ-ବସ୍ତୁ ଓ ସତ୍ତା-ବ୍ୟକ୍ତି ଓ ଜଗତ-ଆତ୍ମା ଓ

ପରମ-ସବୁଯେପରି ଏକ ବିନ୍ଦୁକୁ ଆସିଯାଉଛି । ସେହି ନିଷିଦ୍ଧ ହ୍ରଦ ମଧ୍ୟରେ ନିର୍ଜନ ନକ୍ଷତ୍ରକୁ ବ୍ୟକ୍ତି-ମଣିଷ ସାଥୀ ବୋଲି ଗ୍ରହଣ କରିନେଇ ତଥାପି ସେ ଭାବୁଛି -

"ମୃତ୍ୟୁର ଅହଂକାର ଯେ ସେ କେବେ କାହାକୁ
ଦୟା କରେ ନାଇଁ ଏବଂ ସେ କେବଳ ଉଡ଼ାଇ ଜାଣେ
ଅନ୍ୟର ଲୁଗାକୁ ବିନା ପବନରେ-, ପୁନଶ୍ଚ ତାହାର
କୌଣସି ଛାଇ ପଡ଼େ ନାଇଁ, ତା'ର ଗମନ ପୂର୍ବରୁ ।"

ଜନ୍ମସ୍ଥାନ - (ମଧ୍ୟାହ୍ନର ଛାଇ)

ଏକ ଅନାସକ୍ତଚିତ୍ତ ନେଇ ଏହି ବ୍ୟକ୍ତି-ମଣିଷ ମୃତ୍ୟୁର ସାର୍ବଜନୀନତାକୁ ଉପଲବ୍ଧି କରିଛି । ଆଧୁନିକ ବହୁ ମୃତ୍ୟୁକାତର କବିପରି ଏହି କାବ୍ୟପୁରୁଷ ମୃତ୍ୟୁକାତର ନୁହେଁ- ମୃତ୍ୟୁକୁ ଏ କାବ୍ୟପୁରୁଷ ଭୟାର୍ତ୍ତ ଦୃଷ୍ଟିରେ ଆଦୌ ଦେଖି ନାହିଁ-ମୃତ୍ୟୁ ଭିତରେ ଏହି କାବ୍ୟପୁରୁଷ ସନ୍ଧାନ କରିଛି ଅମୃତର ସତ୍ତା - ବୈଦିକ ଋଷି ପରି ତୈଜସ ଦୃଷ୍ଟି ନେଇ ଏହି କାବ୍ୟପୁରୁଷ ଘୋଷଣା କରିଛି -

"ମୁଁ ପୋଡୁଛି ସେ ନିଆଁରେ
ଯାହା ଲିଭିଯାଇ ପାରେ,
ତୁମର ସେ ପଦ୍ମଫୁଲ ଆଖିର ଦୃଷ୍ଟିରେ
ହୁଏତ ମୁଁ ପାଇପାରେ ନୂତନ ପୃଥିବୀ
ଏକ ତୁମରି ସୃଷ୍ଟିରେ ।

ମୁଁ ଖାଲି ପୋଡ଼ିଯିବ
ପୋଡ଼ି ଜଳି ପାଲଟିବି କୁତ୍ସିତ ଅଙ୍ଗାର
କିନ୍ତୁ ମୁଁ ସ୍ଥିର ଓ ନିଶ୍ଚଳ
ଏ ଅଙ୍ଗାର ଦିନେ ହେବ ସହସ୍ର ଆଲୋକ ଗୋଟିଏ ହୀରାର

ସମର୍ପଣ - (ମଧ୍ୟାହ୍ନର ଛାଇ)

ନିର୍ଜନ ନକ୍ଷତ୍ର ପର ଏହି କାବ୍ୟ ପୁରୁଷ ସ୍ଥିର ଓ ଅବିଚଳ । ଏ କାବ୍ୟ ପୁରୁଷ କେବଳ ମୃତ୍ୟୁକୁ ଶେଷ ବୋଲି ମନେ କରି ନାହିଁ-ସହସ୍ର ଆଲୋକର ଦୀପ୍ତି ନେଇ ପ୍ରକାଶିତ ହେବାକୁ ଏବଂ ଏକ ନୂତନ ପୃଥିବୀ ଲାଭ କରିବାକୁ ଦୁର୍ବାର ଆଶା ପୋଷଣ କରିଛି ବୈଦିକ ଋଷିଙ୍କର ଉକ୍ତି "ମୃତ୍ୟୁର୍ମାଂ ଜ୍ୟୋତିର୍ଗମୟ" ପରି । ତେଣୁ ଏହି କାବ୍ୟପୁରୁଷର ମୃତ୍ୟୁ ଚେତନା ପାଶ୍ଚାତ୍ୟ ଜଗତର ମୃତ୍ୟୁଚେତନା ନୁହେଁ-ଏହି ପ୍ରାଚ୍ୟ ଭୂଖଣ୍ଡର ପରମ୍ପରାପ୍ରସୂତ ମୃତ୍ୟୁଚେତନା-ଯେଉଁ ଚେତନା ଭିତରେ ଏହି କାବ୍ୟପୁରୁଷ

ଯନ୍ତ୍ରଣା ଲାଭ କରିଛି ସତ ମାତ୍ର ଏହି ଯନ୍ତ୍ରଣା କେବଳ ମୃତ୍ୟୁ ପାଇଁ ନୁହେଁ; ନୂତନ ଆଲୋକ ପାଇଁ-ନୂତନ ବିଭୂତି ପାଇଁ। ଫଳରେ "ମଧ୍ୟାହ୍ନର ଛାଇ"ର ବ୍ୟକ୍ତି-ମଣିଷ 'ବୃତ୍ତ'କୁ ଆତ୍ମ-ମଣିଷରେ ରୂପାନ୍ତରିତ କରିଦେଇଛି ଓ ଏହି ଆତ୍ମ-ମଣିଷ ପ୍ରଶ୍ନ କରିଛି-

"କିଏ କହିବ ସେଠାରେ କେହି ପୁଷ୍ପବୃଷ୍ଟି
କରେ ଅହୋରାତ୍ର କିମ୍ବା ମୃତ୍ୟୁପଡ଼େ ଝରି
ବିଶୁଦ୍ଧ ବିଭୂତି ପରି ଲୋକଙ୍କ କାନ୍ଧରେ।"

- ପାରିହେବା

ମୃତ୍ୟୁ ହେଉଛି ଏହି କାବ୍ୟପୁରୁଷର ଦୃଷ୍ଟିରେ 'ବିଶୁଦ୍ଧ ବିଭୂତି'। ଏଯାବତ୍ ଓଡ଼ିଆ କବିତା କ୍ଷେତ୍ରରେ ବା ଏହି ଲେଖକ ଯେତିକି ବିଦେଶୀ ଓ ଭାରତୀୟ କବିତା ପଢ଼ିଛି ମୃତ୍ୟୁକୁ କେହି ବିଭୂତି ଅର୍ଥରେ ଗ୍ରହଣ କରି ନାହାନ୍ତି। ଯେଉଁଥିପାଇଁ ଏହି କାବ୍ୟପୁରୁଷର ଏ ଦିଗରେ ରହିଛି ଏକ ସ୍ୱାତନ୍ତ୍ର୍ୟ। ଏହି କାବ୍ୟ ପୁରୁଷର ଆତ୍ମଲୀନ ଆତ୍ମ-ସତ୍ତା ପୁଣି ଦୁନିଆର ବିଷକୁ ନୀଳକଣ୍ଠପରି ପାନ କରି ଅମୃତର ବାଣୀ ଶୁଣାଇଛି-

"ଦୁଃଖର ଦୀର୍ଘଶ୍ୱାସ
ହେଉଛି ସମୟର ଏକଲବ୍ୟ ଧ୍ୟାନ,
ସୁଖର ସ୍ୱର୍ଣ୍ଣ ବଳୟ
ହେଉଛି ସମୟର ଇମନ୍ କଲ୍ୟାଣ।"

- ପାରିହେବା

ସମସ୍ତ ନିନ୍ଦା ପ୍ରଶଂସାର ଊର୍ଦ୍ଧ୍ୱରେ ଚଣ୍ଡୀଦାସ ପର ଏହି କାବ୍ୟପୁରୁଷର ଆତ୍ମ-ମଣିଷ ସବୁ ସୁଖ ଦୁଃଖ ଭୁଲି ଊର୍ଦ୍ଧ୍ୱାୟିତ ଆଲୋକରେ ଉଛକିତ ହୋଇ ଉଠିଛି। ମଧ୍ୟାହ୍ନର ପ୍ରଚଣ୍ଡ ଉତ୍ତାପରେ ଶାନ୍ତଶୀତଳ ସନ୍ଧ୍ୟା ଆସେ। କ୍ଳାନ୍ତ ପଥିକ ପରି ମଣିଷ ବସି ନିଜ କଥା କହେ ଓ ନିଜେଇ ଶୁଣେ। ଏକପ୍ରକାର ତଟସ୍ଥ ଅବସ୍ଥାରେ ମଣିଷ ଉପନୀତ ହୋଇ ସୁଖ ଦୁଃଖ, ଜୀବନ ମୃତ୍ୟୁକୁ ସମାନ ପର୍ଯ୍ୟାୟରେ ଦେଖେ। ଜୀବନର ବିପୁଳ ବୃତ୍ତରେ ପ୍ରେମ, ମୃତ୍ୟୁ, ଅନୁଶୋଚନା, ଯନ୍ତ୍ରଣା ଓ ସର୍ବୋପରି ଊର୍ଦ୍ଧ୍ୱଗତି ପ୍ରଭୃତିର ବାରମ୍ବାର ଅତିକ୍ରମଣକୁ ଏହି ତଟସ୍ଥ ଅବସ୍ଥାରେ ଅନୁଭବ କରିହୁଏ। ଏହି ଅବସ୍ଥାରେ ମଣିଷ ଯନ୍ତ୍ରଣାକୁ ଆପଣାର ମନେ କରେ। ଯନ୍ତ୍ରଣା ତାକୁ ଭୟଭୀତ କରାଇ ପାରେ ନାହିଁ-ଯନ୍ତ୍ରଣାଇ ଜୀବନ-ଯନ୍ତ୍ରଣାଇ ଆନନ୍ଦ। ତେଣୁ ଏହି କାବ୍ୟପୁରୁଷ ପ୍ରଶ୍ନ କରିଛି-

"କେଉଁରାଧା ପରିପୂର୍ଣ୍ଣ ଯଦି ନାଇଁ
ଯମୁନା ଓ କାଳିନ୍ଦୀ ବିଜନ,
ଯଦି ନାଇଁ ଯନ୍ତ୍ରଣାର ଧିକି ଧିକି

ଜଳିଯିବା ବଇଁଶୀର ଶୂନ୍ୟ ନିବେଦନ,
ଯଦି ନାଇଁ ବିନିମୟ ନିଶାର ନିକ୍ୱଣ -,
ତେବେ କେଉଁ ସୁନାର ପ୍ରତିମା ସୀତା
ଅବସାନ ଘଟାଇପାରେ ଶ୍ରୀରାମଙ୍କ ଆନ୍ତରିକ ଦୁଃଖର ଚେତନା"

- "ଅପଭ୍ରଂଶ"

ଅତଏବ ଯନ୍ତ୍ରଣାକୁ ଏହି କାବ୍ୟପୁରୁଷ ସ୍ୱାଗତ କରିଛି ଏବଂ ଯନ୍ତ୍ରଣା ମଧ୍ୟ ଦେଇ ଜୀବନର ସତ୍ୟକୁ ଉଦ୍‌ଘାଟନ କରିଛି । ଏହି ଯନ୍ତ୍ରଣାରେ ଅଛି ଆନ୍ତରିକତା- ଏହି ସଙ୍କଟରେ ଅଛି ଆତ୍ମିକତା (ଆଧୁନିକ ଅଧିକାଂଶ କବିଙ୍କ ପ୍ରତି ଯାହା ଅଭିଯୋଗ କରାଯାଏ ଯେ ଏ ସଂକଟ ବିଦେଶାଗତ ଏଥିରେ ଆତ୍ମିକତା ନାଇଁ- ଦୀପକ ବାବୁଙ୍କ ପ୍ରତି ଏହି ଅଭିଯୋଗ ଅନ୍ତତଃ ଏହି କବିତା ସଂକଳନ ପାଇଁ ପ୍ରଯୁଜ୍ୟ ନୁହେଁ) । ସ୍ଥୂଳ ଦେହର ଯନ୍ତ୍ରଣାକୁ ଆତ୍ମସ୍ଥ ଯନ୍ତ୍ରଣାରେ ରୂପାନ୍ତରିତ କରି ଏହି କାବ୍ୟ ପୁରୁଷ ଇନ୍ଦ୍ରିୟୋତ୍ତର ଆତ୍ମ-ସତ୍ୟକୁ ଉପଲବ୍‌ଧି କରିଛି ଏବଂ ଏକ ଅଧ୍ୟାତ୍ମ-ଆଲୋକରେ ଏହା କ୍ରମେ ଆଲୋକିତ ହୋଇଯାଉଛି । ଲୁହ ଆଉ ହସ, ପ୍ରେମ ଆଉ ଜୀବନ, ମୃତ୍ୟୁ ଆଉ ଯନ୍ତ୍ରଣା ଭିତରେ ଗୋଟିଏ ନୂତନ ଆଶାର ପୃଥିବୀ ଫୁଟି ଉଠୁଛି ଏବଂ ଏହି କାବ୍ୟପୁରୁଷ କଳାପାହାଡ଼ କବଳରୁ ଜଗନ୍ନାଥଙ୍କ ବ୍ରହ୍ମକୁ ବିଶର ମହାନ୍ତି ରକ୍ଷା କଲାପରି ଖୋଜିଛି ସେହି ଅନାଦି ବ୍ରହ୍ମଙ୍କୁ -

"ହେଲେ ହେଲି ମୁଁ ଅଶୌଚ ବିଶର ମହାନ୍ତି
ପାଦରୁ ମୁଣ୍ଡଯାଏ ସମୟର ନାମାବଳୀ ଯଦୃଚ୍ଛା ଝୁଲାଇ
ଶ୍ରୀହୀନ ହାତରେ ଖୋଜେ ପିତାଙ୍କର ନାଭିପଦ୍ମ ଅବା
ପଦ୍ମମଣି ଯାହା ପୋଡୁ ପୋଡୁ ଦୈବାତ୍ ରକ୍ଷା ପାଇଗଲା
ଦୁଷ୍ଟ ଏକ ଯବନର ହାତୀ ଘୋଡ଼ା ପରିବୃତ୍ତ ନିଆର ଜାଲରୁ ।"

- "ଲୋଡ଼ାନାଇଁ"

ଏହି ବ୍ରହ୍ମ ଉପଲବ୍‌ଧି ଆହୁରି ସ୍ପଷ୍ଟ ହୋଇ ଉଠିଛି "କାୟା ପ୍ରବେଶ" କବିତାରେ । ପୌରାଣିକ ମିଥ୍ ମାଧ୍ୟମରେ ଏହି କାବ୍ୟପୁରୁଷ ଘୋଷଣା କରିଛି; -

"କ୍ଳାନ୍ତ ମୟୂରଦଳ ଭଳି ନଈ ଡାକୁଛି
ସୋହାଗରେ ଆସ ତୀରବାସୀ, ଆସ ବସୁଦେବ,
ଆସ ଦେବକୀ, ଯଶୋଦା, ଆସ ପଶୁପକ୍ଷୀ,
ରାତିର ଦୁଃସ୍ୱପ୍ନ ଯେତେ ଧୋଇ ନିଅ
ରାତି ଲୁଗା ଧୋଇ ଦେବାପରି ଓ

ଆକାଶ କିପରି ଦେଖ ମୋ ଛାତିକୁ ଧରିଛି ଜାବୋଡ଼ି
ମୁଁ କରିଛି କ୍ଷମା ତାକୁ
ଭୁଲିଛି ତା' ହାତର ବର୍ବର ଯନ୍ତ୍ରଣା।"

– 'କାୟା-ପ୍ରବେଶ'

ଏ କବିତାରେ ସମସ୍ତ ବିଶ୍ୱ ଏକାକାର ହୋଇଯାଉଛି-ସବୁ ଯନ୍ତ୍ରଣା, ସବୁ ଦୁଃଖ, ସବୁ ଦୁଃସ୍ୱପ୍ନ ଅପସରି ଯାଉଛି- କାବ୍ୟ ପୁରୁଷ "ସମର୍ପଣ ନିଶାରେ ବିଭୋର" ହୋଇ ଉଠିଛି। ଅତଏବ ଦୀପକ ବାବୁଙ୍କର କାବ୍ୟପୁରୁଷର ପ୍ରଥମ ଓ ପ୍ରଧାନ ସ୍ୱରୂପଟି ହେଲା ମୃତ୍ୟୁ ଓ ଯନ୍ତ୍ରଣା ମଧ୍ୟ ଦେଇ ଇନ୍ଦ୍ରିୟୋତ୍ତର ଊର୍ଦ୍ଧ୍ୱଗ ଅଧ୍ୟାତ୍ମ ସତ୍ତାକୁ ଉପଲବ୍ଧି କରିବା ଏବଂ ସମସ୍ତ ଯନ୍ତ୍ରଣାକୁ ଅମୃତରେ ପରିଣତ କରି ସନାତନ ମାନବିକ ସତ୍ୟକୁ ଉଦ୍‌ଘାଟନ କରିବା। ଏହି କାବ୍ୟପୁରୁଷ କହେ "ମୋର ଦେହ ଯାକ ସ୍ୱର୍ଗର ପାଉଁଶ ଡିଆଁ ମାରେ ମୃଗଶିଶୁ ସମ/ ନଚେତ୍ ଏ ଦେହ ଅଟେ ନିଶୁଣି ଏକ ସ୍ୱର୍ଗଦ୍ୱାର ପାଇଁ।" ଆଧୁନିକ ଓଡ଼ିଆ କବିତା କ୍ଷେତ୍ରରେ ଏହି କାରଣରୁ ଦୀପକ ମିଶ୍ରଙ୍କର ମୃତ୍ୟୁ ଚେତନାଧର୍ମୀ କବିତା ସ୍ୱତନ୍ତ୍ର ଏବଂ ଭାରତୀୟ ଐତିହ୍ୟ ଚେତନା ଉଦ୍ଦୀପ୍ତ ସାର୍ବଜନୀନ ମାନବିକ ସମ୍ବେଦନାତ୍ମକ ପାରସ୍ପର୍ଯ୍ୟରେ ଋଦ୍ଧିମନ୍ତ।

– ୨ –

'ବୃତ୍ତ' କାବ୍ୟ ଜିଜ୍ଞାସାର ଅନ୍ୟତମ ପ୍ରକୃତି ହେଲା ସାଂପ୍ରତିକ ଜୀବନରେ ପ୍ରେମାନୁଭୂତି। ଏ ପ୍ରେମ ଅନାବିଳ-ଦେହର ସୀମିତ ସୀମାବଳୟ ଅତିକ୍ରାନ୍ତ ଦିବ୍ୟ ପ୍ରେମ। ଏ ପ୍ରେମାନୁଭୂତିରେ ଅଛି ଆନ୍ତରିକତା – ଅଛି ଆତ୍ମ ମଣିଷର ନିର୍ଲିପ୍ତ ଅଭିବ୍ୟକ୍ତି। ମଣିଷର ବହୁ ମୌଳିକ ସମସ୍ୟା ମଧ୍ୟରେ ନାରୀପୁରୁଷର ପ୍ରେମ ସମସ୍ୟା ଅନ୍ୟତମ ଏବଂ ଏହି କାରଣରୁ ଫ୍ରଏଡ୍ କହନ୍ତି "The world is the symbol of man's secret desires" ମଣିଷ ମନର ସଂଗୁପ୍ତ ଅଭୀପ୍‌ସାର ପ୍ରତୀକ ହେଉଛି ଏହି ବିଶ୍ୱ। ଅବଚେତନ ସ୍ତରରେ ଅବଦମିତ ହୋଇ ରହିଥିବା ବହୁ କାମନାହିଁ ମଣିଷର କାର୍ଯ୍ୟକଳାପର ଉତ୍ସ। (The source of man's activities is sexual impulse or the suppressed desires that lie hidden in the subconscious mind.) 'ବୃତ୍ତ'ର କାବ୍ୟ ପୁରୁଷ ମଣିଷର ସେହି ଅବଚେତନର ସଂଗୁପ୍ତ ରହସ୍ୟକୁ ଉପଲବ୍ଧି କରିଛି ଏବଂ ସେହି ରହସ୍ୟ ସ୍ଥୁଳରୁ ସୂକ୍ଷ୍ମକୁ ଗତି କରିଛି। ତେଣୁ ଏହି କାବ୍ୟ ପୁରୁଷ କହିଛି –

"କିଏ ନ ଜାଣେ କହ ସ୍ନେହ ନିମ୍ନମୁଖୀ
କୋମଳ ପାଣିର ପ୍ରତ୍ୟଂଗ ପରି ସେ ଓଦାକରେ

ଜାଣି ଜାଣି ବିମର୍ଷ ମନକୁ, ଅଥଚ ଦେଖ
ସେ କେଡ଼େ ନିଃସହାୟ ନିଜେ-; ନହେଲେ
ଜୈତବନର ସେହି ତରୁଣ ସନ୍ନ୍ୟାସୀ କିଆଁ ହାତେ ଧରି
ଭିକ୍ଷାପାତ୍ର ଚାଉଳ ମୁଠାଏ ପାଇଁ ଛଳନାରେ ବୁଲିଥାନ୍ତା
ଶ୍ରାବସ୍ତୀର ରାଜପଥେ ଅସ୍ତଗାମୀ ସୂର୍ଯ୍ୟର ମୁହଁରେ
ଦେଖି ନିଜର ପ୍ରତିଛାୟା-; ସେ କିଆଁ ଛୁଇଁଥାନ୍ତା
ପ୍ରତ୍ୟେକ ଘରର କବାଟ ଯାହା ବନ୍ଦ ହୋଇ ରହିଅଛି।
ସନାତନ ଖରାର ଦୁଃଖରେ।"

- "ବିଚାର"

ଏହି ହେଉଛି ସେହି ନମନୀୟ କାବ୍ୟପୁରୁଷର ହାର୍ଦ୍ଦିକ ଅଭିବ୍ୟକ୍ତି। ଏହି କାବ୍ୟପୁରୁଷ ଜାଣେ "ଆଗେ ପ୍ରେମ ଓ ପରେ ମୃତ୍ୟୁକୁ" ଆମେ କାଳ କାଳ ଧରି ଅପେକ୍ଷା କରିଛୁ। ଏହି ଅପେକ୍ଷା ମଧ୍ୟରେ "ଯଦି ଭଲହୁଏ ଖାଲି ମଣିଷ ହୃଦୟ ତେବେ ଯାଇ ଫୁଟେ ସେଇ ଫୁଲ ଯା'ର ନାଇଁ ଝରିବାର ଭୟ।" ଏହି ଭଲ ପାଇବା ଅନାବିଳ ହେଲେ ଏବଂ ହୃଦୟ ନର୍ମଳ ଓ ପବିତ୍ର ହେଲେ ମୃତ୍ୟୁ ଭିତରେ ମଧ୍ୟ ମଣିଷ ବଞ୍ଚେ ଅନନ୍ତକାଳ ବ୍ୟାପୀ ଏବଂ ତାର ଅନାହତ ଆତ୍ମାଫୁଲ ସବୁଦିନ ପାଇଁ ବିକଶିତ ହୋଇଉଠେ। ଏହି ଅନୁଭୂତିରେ 'ବୃତ୍ତ'ର କାବ୍ୟ ନାୟକ ଏକାତ୍ମ ଏବଂ ତେଣୁ ସେ କହେ "ମୋ ଛାତିରେ ଭଲ ପାଇବାର ଭୃଗୁପଦ ଚିହ୍ନ।" ଏହି କାବ୍ୟ ନାୟକର ପ୍ରେମ ଜୋତିସ୍ମାନ ଗ୍ରହଠାରୁ ଆହୁରି ଉଜ୍ଜ୍ୱଳ, ମାନସ ସରୋବରର ପ୍ରଶାନ୍ତ ନୀଳବକ୍ଷରେ ବିକଶିତ ଅମୃତମୟ ରକ୍ତକମଳର ରକ୍ତଠାରୁ ଆହୁରି ଗଭୀର, କାଞ୍ଚନ ଜଙ୍ଘାର ତୁଷାରଧବଳ କାନ୍ତିଠାରୁ ଆହୁରି ପବିତ୍ର, କନ୍ୟା କୁମାରୀର ଶେଷ ଶିଳାଠାରୁ ଆହୁରି ଅପରୂପ ଓ ବିଚିତ୍ର, ଦକ୍ଷିଣ ଆକାଶ ଛୁଇଁ ଆସୁଥିବା ମଳୟ ପବନର ଚୁମ୍ବନରେ ବିଭୋର ଆମ୍ର ବକୁଳଠାରୁ ଆହୁରି ନିବିଡ଼, ଅବଗୁଣ୍ଠିତା ମାଟିଠାରୁ ଆହୁରି ମହିମାନ୍ୱିତ ଓ ପ୍ରଗାଢ଼। ତେଣୁ ଏହି କାବ୍ୟନାୟକ କହେ -

ପ୍ରେମ ଏକ ରାଜ-ପ୍ରାସାଦ-; ମାଟି ଅବା ମାର୍ବଲରେ
ହେଉ ଓ ମୋ ଛାଇର ଆଲୋକ ଏବେ ବି
ଦିଶୁଛି ନିଖୁଣ ସେଇ ପଥର ଚଟାଣ ଉପରେ ଯେଉଁଠି
ତୁମର ଦେହଦିନେ ଜଳୁଥିଲା ତା'ର ନିଜ ଆଲୁଅରେ।"

- "ପବନର ବି କାନ ଅଛି"

'ବୃତ୍ତ'ର କାବ୍ୟନାୟକ ପ୍ରେମକୁ ଗଭୀର ଭାବରେ ଅନୁଭବ କରିଛି। ପ୍ରେମାନୁଭୂତି ମଧ୍ୟଦେଇ ଏକ ନୂତନ ପୃଥିବୀ-ନୂଆ ମାଟିର କାମନା କରିଛି। ସେହି ପ୍ରେମ, ସିଂହାସନ ଟଳାଇ ଦେଇପାରେ - ମୃତ୍ୟୁର ମହୁରୀ ବଜାଇପାରେ। ପ୍ରେମ କେଉଁଠି ଶେଷ ନୁହେଁ ବରଂ ଶେଷର ଆରମ୍ଭ। ଏକଥା ମଣିଷର ଅଜ୍ଞାତସାରରେ ଘଟିଯାଏ। ତେଣୁ କାବ୍ୟନାୟକ କହେ; -

"ସ୍ନେହର ରକ୍ତ ନୁହେଁ ଏତେ ଫିକା ଓ ଏତେ ତରଳ
ସେ ଟଳାଏ ସିଂହାସନ, ସେ ବଜାଏ ମୃତ୍ୟୁର ମହୁରୀ
ଭୂମିକମ୍ପ ପରେ ମଧ୍ୟ ଆଉ ଏକ ନୂଆମାଟି
ଚାରିଆଡ଼େ ପଡ଼ଇ ବିଛୁଡ଼ି ଓ ତା' ଅଙ୍ଗେ ଅଙ୍ଗେ
ପୁରାତନ ମାଟିର ନିଃଶ୍ୱାସ, ପୁରାତନ ଜଳର ଭଉଁରୀ।" - "ଅପହରଣ"

ଅତଏବ 'ବୃତ୍ତ'ର କାବ୍ୟନାୟକ ପ୍ରେମ ଓ ସ୍ନେହର ସାର୍ବଜନୀନ ଅନୁଭୂତି ଲାଭ କରିଛି ଏବଂ ପରମ୍ପରାର ଅନୁବର୍ତ୍ତନରେ ନୂତନ ଜଗତର ପରିକଳ୍ପନା କରିଛି। ଆଗେ ପ୍ରେମ, ପରେ ମୃତ୍ୟୁ ଏବଂ ମୃତ୍ୟୁର ଅନ୍ଧକାର କକ୍ଷରେ ପ୍ରେମର ଆଲୋକ ଅନୁଭବକରି ପ୍ରେମ ଓ ମୃତ୍ୟୁକୁ ଏକ ଏବଂ ଅଭିନ୍ନ କରିଦେଇଛି। ଭୂମିକମ୍ପ ପରେ ନୂତନ ସୃଷ୍ଟି ଓ ସେହି ପୁରାତନ ମାଟିର ନିଃଶ୍ୱାସରେ ନୂତନର ଜୀବନ୍ୟାସ କରି ପରମ୍ପରାଧର୍ମୀ ଅଥଚ ନୂତନ ଜୀବନ ଜିଜ୍ଞାସାରେ ଏହି କାବ୍ୟନାୟକ ନିଜର ସ୍ୱତନ୍ତ୍ର ସରଣୀ ସୃଷ୍ଟି କରିଦେଇଛି।

- ୩ -

ପ୍ରେମ, ଜୀବନ, ମୃତ୍ୟୁ, ସମୟ, ଯନ୍ତ୍ରଣା, ନିଃସଙ୍ଗତା ଓ ସର୍ବୋପରି ଊର୍ଦ୍ଧ୍ୱାୟିତ ଅଧ୍ୟାତ୍ମ ଅନୁଭୂତି 'ବୃତ୍ତ'ର କାବ୍ୟନାୟକର ମାର୍ମିକ ଅଭିବ୍ୟକ୍ତି। ଏହା କାବ୍ୟନାୟକ ଯନ୍ତ୍ରଣାକୁ ପାଥେୟ କରି ନୂତନ ମାଟିର ସନ୍ଧାନ କରିଛି- ମୃତ୍ୟୁଭିତର ଦେଇ ଅମୃତର ବାଣୀ ଶୁଣାଇଛି-ସମୟର ଅସୀମ ସତ୍ତାରେ ନିଜର ସତ୍ତାକୁ ମିଶାଇ ନୂତନ ବିଶ୍ୱର ଅପେକ୍ଷା ରଖିଛି-ପ୍ରେମର ଅନାହତ ବଂଶୀଧ୍ୱନିରେ ବିଭୋର ହୋଇ ଉଠିଛି। ସ୍ଥୁଳ ବାସ୍ତବତାରୁ ଏହା ଊର୍ଦ୍ଧ୍ୱଗ ବାସ୍ତବତାକୁ ଗତି କରିଛି। ଅତି ବାସ୍ତବବାଦୀ (Surrealist)ଙ୍କ ପରି ଏହା ପୂର୍ଣ୍ଣ ମଣିଷ (Integral man)କୁ ଅନୁଭବ କରିବାକୁ ଚେଷ୍ଟା କରିଛି। ସାଧାରଣ ସ୍ଥୁଳଜ୍ଞାନ, ଚେତନା ଓ ବାସ୍ତବତାରୁ ଅତିକ୍ରମଣ କରି ବିପୁଳ ଅବଚେତନ ଓ ଅଚେତନ ଜଗତର ରହସ୍ୟକୁ ଆବିଷ୍କାର କରିବାପାଇଁ ଏହା ପ୍ରେରଣା ଦେଇଛି। ଏହି ଅତିବାସ୍ତବବାଦୀ କାବ୍ୟ-ପୁରୁଷ ସମତଳ ଚେତନଶୀଳତା (Surface

Consciousness)ରୁ ମୁକ୍ତ ହୋଇ ଅବଚେତନର ଗଭୀରତମ ସତ୍ୟକୁ ଉଦ୍‌ଘାଟନ କରିବାକୁ ଉଦ୍ୟମ କରିଛି। ଏହି କାରଣରୁ ବେଳେ ବେଳେ ଏହି କାବ୍ୟ-ମାନସ ରହସ୍ୟଧର୍ମୀ ମନେ ହୋଇଥାଏ। ତେବେ ଏହି ରହସ୍ୟଧର୍ମିତା ଯୋଗପିଣ୍ଡିତ ତତ୍ତ୍ୱଗର୍ଭିତ ନୁହେଁ ବା ମୁକ୍ତି ଅଭିଳାଷୀ ନୁହେଁ। ଏହି ଜଗତରେ ଏକ ନୂତନ ପୃଥିବୀ ସୃଷ୍ଟିପାଇଁ ଏ ମାନସ ପ୍ରେରଣା ଦେଇଛି। ଏହି ମାନସରେ ବେଳେ ବେଳେ ରୋମାଣ୍ଟିକ୍ ଚିନ୍ତନ ସୃଷ୍ଟି ହୋଇଥିବା ଲକ୍ଷ୍ୟ କରାଯାଏ। ତେବେ ଏହି ରୋମାଣ୍ଟିସିଜିମ୍ କ୍ରମେ ମିଷ୍ଟିକ ହୋଇ ଅତିବାସ୍ତବବାଦୀ ଭାବଧାରାରେ ଅନୁପ୍ରାଣିତ ହୋଇଅଛି। ଅତଏବ କବି ଦୀପକ ମିଶ୍ରଙ୍କର କାବ୍ୟଚେତନା ବାସ୍ତବତା-ରୋମାଣ୍ଟିସିଜିମ୍-ମିଷ୍ଟିସିଜିମ୍ ଦେଇ ସରରିଆଲିଜିମ୍ ମଧ୍ୟକୁ ଗତି କରିଥିବା ଲକ୍ଷ୍ୟ କରାଯାଏ। ଏହି ଭାବ ପ୍ରକାଶ କରିବାକୁ ଗଲାବେଳେ ସେ ତାଙ୍କର କବିତାର ସୃଷ୍ଟି ସମ୍ବନ୍ଧରେ ମତବ୍ୟକ୍ତ କରନ୍ତି -

"କାରଣ ମୁଁ ଜାଣେ ଏତିକି
ଯେ କବିତା ହୁଏନି ଗଢ଼ା
କୋଣାର୍କ ବା ତାଜମହଲ ପରି।
ଆମରି ହାତରେ
ଏହା ଫୁଟେ ତା' ଇଚ୍ଛାରେ
ନାମହୀନ ତାଜାଫୁଲ ପରି।" - "ଦୃଷ୍ଟାନ୍ତ"

ଏହି କବିତା ଫୁଲପରି ଫୁଟେ - ଯାହା ଜୀବନ୍ତ, ଯାହା ଜୀବନର ଗୋପନ-ଭାଷ୍ୟ। "କିନ୍ତୁ ଫୁଲର ଭାଷା କ'ଣ ବେତନଭୋଗୀ ମାଳି ବୁଝିପାରେ।" - ଏ କଥା କହି କବି ସ୍ପଷ୍ଟ କରିଦେଇଛନ୍ତି ତାଙ୍କର କାବ୍ୟଚେତନା ସମ୍ବନ୍ଧରେ। ମାଳୀ ହୁଏତ ବଗିଚାରେ ଫୁଲଗଛର ଯତ୍ନ ନିଏ। ତେବେ ତାର ଯତ୍ନ ନେବା ବେତନ ଉପରେ ନିର୍ଭର କରେ। ଫୁଲର ନୀରବ ଭାଷାକୁ ବୁଝିବା ପାଇଁ ସେ ଅକ୍ଷମ। ସେହିପରି କବି ଦୀପକ ମିଶ୍ରଙ୍କ କବିତାର ଭାବକୁ ବୁଝିବା ସ୍ଥୁଳଦୃଷ୍ଟିସମ୍ପନ୍ନ ପାଠକ ପକ୍ଷରେ ଅସମ୍ଭବ। କବି ମିଶ୍ର ପୁଣି ତାଙ୍କର କବିତାକୁ ପାରମ୍ପରିକ ଭାଷା ମାଧ୍ୟମରେ ପ୍ରକାଶ କରିନାହାନ୍ତି। ଏହି ଭାଷାର ଆଭିଧାନିକ ଅର୍ଥ ବାହାରକରି କବିତାକୁ ବିଚାର କରିବାକୁ ଗଲେ ବହୁ ସମୟରେ ନିରାଶ ହେବାକୁ ହୋଇଥାଏ। ଆଧୁନିକ କବିତା ଆଉ ଅତୀତର ବର୍ଣ୍ଣନାଧର୍ମୀ କବିତା ନୁହେଁ। ଏହା ଆଧୁନିକ ମଣିଷର ଅବଚେତନ ମନର ବହୁ ସଂଘର୍ଷର ଅଭିବ୍ୟକ୍ତି। ତେଣୁ କବି ଅବଚେତନର ଭାବକୁ ପ୍ରକାଶ କରିବାପାଇଁ ପ୍ରତୀକ ଓ ଚିତ୍ରକଳ୍ପମାନ ବ୍ୟବହାର କରିବାକୁ ବାଧ୍ୟ ହୋଇଥାଏ। କବି ଦୀପକ ମିଶ୍ର ତାଙ୍କର ସମସ୍ତ କବିତାରେ ନୂତନ ନୂତନ ପ୍ରତୀକ ଓ ଚିତ୍ରକଳ୍ପମାନ ବ୍ୟବହାର କରିଥାନ୍ତି।

ଚିତ୍ରକଳ୍ପ ପ୍ରୟୋଗ କରିବାରେ ସେ ମୌଳିକ ଏବଂ ତାଙ୍କର ଚିତ୍ରକଳ୍ପ ଗୁଡ଼ିକ ଅତ୍ୟନ୍ତ ଭାବଗର୍ଭକ। ଏହି ସଂକଳନରୁ କେତୋଟି ଦୃଷ୍ଟାନ୍ତ ଏଠାରେ ପ୍ରଦାନ କରାଗଲା-

"x x x ଅଥଚ ପବନ ଚାଲେ କି
ତୀବ୍ରଗତିରେ କଅଁଳା ଅଣ୍ଡିରା ବାଛୁରୀ ପରି
ସେ ଖାଲି ଭଲ ପାଏ ଶୋଇବାକୁ ଅରମାଜାଗାରେ।"

- 'ବିଚାର' -

"ସେଦିନ ଯେତେବେଳେ ସାଧାରଣ
ଭାବେ ସଞ୍ଜ ଚାଲି ଆସୁଥିଲା ପାଦେ ପାଦେ
ନୂଆଚାଲି ଶିଖୁଥିବା ବୟସ୍କ ଦମ୍ପତିଙ୍କ ଝିଅପରି।

- 'ବିଚାର' -

"ଏବଂ ଓଦାବାଲିରେ ଖରା ଶୋଇପାରେ
ପ୍ରଥମ ପ୍ରସୂତିପରି, ତାହାର ହାତ ଛୁଇଁ ପାରେ
ତାଳଗଛ; ତା ମୁହଁରେ କେତେ ହସ
ମିଳାଇ ବି ପାରେ ନିସ୍ତବ୍ଧ ମଧ୍ୟାହ୍ନର ଡାହୁକ ଡାକରେ।

- 'ନାମକରଣ' -

"ଯାତ୍ରାରେ ନୂଆ ରାଜାପାର୍ଟ କରୁଥିବା
ଅଶିକ୍ଷିତ ଭେଣ୍ଡାର ଗୌଣ-ସାଧୁବାକ୍ୟ
ଏଇ ଚାହିଁ, ଚୈତ୍ର ସକାଳରେ
ଘନିଷ୍ଠ ଅତିଥି ପରି ଶୀତ ଫେରିଆସେ
ଶୀତଳତାର ପତଳା ଚାଦର ପିନ୍ଧି।"

- 'ନାମକରଣ' -

ଏହିପରି ଚିତ୍ରକଳ୍ପ ସମ୍ବନ୍ଧରେ ବହୁ ଚମତ୍କାର ଦୃଷ୍ଟାନ୍ତ ଏହି ସଂକଳନରୁ ପ୍ରଦାନ କରାଯାଇପାରେ। ଏଗୁଡ଼ିକର ପ୍ରୟୋଗରେ କବିଙ୍କର ଆନ୍ତରିକତା ଓ ଗଭୀର ଅନୁଭୂତିର ପରିଚୟ ମିଳିଥାଏ। ପ୍ରତୀକ ଓ ଚିତ୍ରକଳ୍ପ ବ୍ୟତୀତ କବି ଦୀପକ ମିଶ୍ର ଏହି ସଂକଳନରେ ବହୁ ମିଥ୍‌ର ବ୍ୟବହାର କରିଅଛନ୍ତି। ବୋଧହୁଏ ଆଧୁନିକ ଓଡ଼ିଆ କବିତା କ୍ଷେତ୍ରରେ ଯେଉଁ କେତେଜଣ ମୁଷ୍ଟିମେୟ କବି ମିଥ୍ ସାହାଯ୍ୟରେ ଆଧୁନିକ ଜୀବନ ଯନ୍ତ୍ରଣା ଓ ନୂତନ ମୂଲ୍ୟବୋଧକୁ ପ୍ରକାଶ କରୁଅଛନ୍ତି ସେମାନଙ୍କ ମଧ୍ୟରେ କବି ଦୀପକ ମିଶ୍ର ଅନ୍ୟତମ। ମିଥ୍ ବ୍ୟବହାର କରିବାରେ କବି ସୀତାକାନ୍ତ ମହାପାତ୍ର ପ୍ରଧାନ। ତଥାପି ଗୁରୁପ୍ରସାଦ ମହାନ୍ତି, ରମାକାନ୍ତ ରଥ, ସଚ୍ଚି ରାଉତରାୟ, ଅନନ୍ତ ପଟ୍ଟନାୟକ ଓ ସୌଭାଗ୍ୟ

ମିଶ୍ର ପ୍ରଭୃତି ମିଥ୍ ବ୍ୟବହାର କରି ଆଧୁନିକ ସମୟଚେତନା ଓ ଜୀବନ ଜିଜ୍ଞାସାକୁ ଭିନ୍ନ ଭିନ୍ନ ଦୃଷ୍ଟିକୋଣରୁ ପ୍ରକାଶ କରୁଅଛନ୍ତି। ବହୁ ସମୟରେ ମନେହୁଏ ସେହିସବୁ ମିଥ୍ କବିତାର ମୂଳସ୍ୱରଠାରୁ ସତେ ଯେପରି ଅଲଗା ରହିଯାଇଛନ୍ତି କିନ୍ତୁ। ଦୀପକ ମିଶ୍ରଙ୍କ କବିତାରେ ଯେଉଁସବୁ ମିଥ୍ ବ୍ୟବହୃତ ହୋଇଛି ସେଗୁଡ଼ିକ କବିତାର ଆତ୍ମା ସହିତ ଘନିଷ୍ଠ ଭାବରେ ମିଶିଯାଇଛି। ତେଣୁ ସୁଶେନ୍ ଲାଙ୍ଗରଙ୍କର "Myth is the only poetry" – ଅଭିମତଟି ଦୀପକ ମିଶ୍ରଙ୍କ କବିତାପ୍ରତି ଏକାନ୍ତ ଭାବରେ ପ୍ରଯୁଜ୍ୟ। 'ଅସମାପିକା'ଠାରୁ ଆରମ୍ଭ କରି 'ବୃତ୍ତ' ପର୍ଯ୍ୟନ୍ତ ପ୍ରାୟ ସମସ୍ତ କବିତାରେ ସେ ମିଥ୍‌କୁ ବ୍ୟବହାର କରି କାବ୍ୟ-ଚମତ୍କାରିତା ସୃଷ୍ଟି କରିଅଛନ୍ତି। 'ବୃତ୍ତ' କବିତା ସଂକଳନର 'ବିଚାର' କବିତାରେ ଜୈତ୍ରବନର ତରୁଣ ସନ୍ନ୍ୟାସ ବୁଦ୍ଧଦେବ, ମହାଭାରତର ବନପର୍ବସ୍ଥ ନଳ ଦମୟନ୍ତୀ ଉପାଖ୍ୟାନରେ କର୍କୋଟକ ନାଗରୂପ ଧାରଣ କରିଥିବା ଶନି, 'ପରିଶିଷ୍ଟ' କବିତାରେ ନିର୍ଦ୍ଦୋଷ ହଂସକୁ ଶରାଘାତ କରିଥିବା ଦେବଦତ୍ତ, 'ଲୋଡ଼ାନାଇଁ' କବିତାରେ ଜଗନ୍ନାଥଙ୍କ ବ୍ରହ୍ମକୁ କଳାପାହାଡ଼ କବଳରୁ ରକ୍ଷା କରିଥିବା ବିଶର ମହାନ୍ତି, 'ଆକାଶର ନୂତନ ଓ୍ୱାରିଜା' କବିତାରେ ଉପଗୁପ୍ତ ଓ ଅବଧୂତ, 'କାୟା ପ୍ରବେଶ' କବିତାରେ ବସୁଦେବ, ଉଗ୍ରସେନ, ଦେବକୀ କଂସ କାରାକକ୍ଷ ଓ ଶ୍ରୀକୃଷ୍ଣ, 'ବନବାସ' କବିତାରେ ରାବଣ ଓ ଲକ୍ଷ୍ମଣ ପ୍ରଭୃତି ପୌରାଣିକ ଓ ଐତିହାସିକ ଚରିତ୍ରକୁ କବି ମିଶ୍ର ଆଧୁନିକ ଜୀବନ ଜିଜ୍ଞାସା ସହିତ ମିଶାଇ ନୂତନ ଭାବରେ ପ୍ରକାଶ କରିଅଛନ୍ତି। ଏହି କାରଣରୁ ତାଙ୍କର କବିତାଗୁଡ଼ିକ ପାଠକ ପ୍ରାଣକୁ ସ୍ପର୍ଶ କରିଥାଏ ଏବଂ ପାଠକ ସାଂପ୍ରତିକ ଜୀବନ ଯନ୍ତ୍ରଣା ଓ ନିଃସଙ୍ଗତା ସହିତ ଏ ଦେଶର ଅତୀତ ଐତିହ୍ୟକୁ ମିଳାଇ ଦେଖିବାର ସୁଯୋଗ ଲାଭକରେ। ଯେଉଁ ମଣିଷ ଜଗନ୍ନାଥଙ୍କୁ ଜଳନ୍ତା ଅଗ୍ନିରୁ ଉଦ୍ଧାର କଲା ସେହି ମଣିଷ ଜଗନ୍ନାଥଙ୍କୁ ପୁଣି ହାତ ଯୋଡ଼ି ପ୍ରାର୍ଥନା କଲା। ଏହି ବୈଚିତ୍ର୍ୟକୁ କବି ରୂପ ଦେଇଛନ୍ତି ଏହିପରି–

"ରତ୍ନ ସିଂହାସନ ପରେ ବିଜେ ଆଜି
ଦାରୁବ୍ରହ୍ମ ଅନ୍ତର୍ହିତ ମଣିପଦ୍ମ ନାଭି କମଳରେ
ଓ ବିଶର ମହାନ୍ତ ଠିଆ ହଜାର ଲୋକଙ୍କ
ପରି ହାତଯୋଡ଼ ପାହାଚ ଉପରେ।"

– ଲୋଡ଼ାନାଇଁ

ଏହି ମିଥ୍ ମାଧ୍ୟମରେ କବି ସାଂପ୍ରତିକ ମଣିଷର ଅସହାୟତାକୁ ପ୍ରକାଶ କରିଅଛନ୍ତି। ସେ ପୁଣି 'କାୟା-ପ୍ରବେଶ' କବିତାରେ ଭାଗବତର ମିଥ୍‌କୁ ବ୍ୟବହାର କରି ସାଂପ୍ରତିକ ଜୀବନର ଚିତ୍ରକୁ ପ୍ରକାଶ କରିଅଛନ୍ତି। ଏହି କବିତା ଏକ ସାମଗ୍ରିକ ମିଥ୍। କଂସର କାରାକକ୍ଷରେ ଦେବକୀ ଗର୍ଭରୁ ଜନ୍ମନେଲେ ଭଗବାନ ଶ୍ରୀକୃଷ୍ଣ। ବସୁଦେବ ତାଙ୍କୁ ମଥାରେ

ଧରି ଯମୁନା ପାରହୋଇ ଗୋପପୁରରେ ଛାଡ଼ିଦେଇ ଆସିଲେ। ଏହି ମିଥ୍‌କୁ କବି ମିଶ୍ର ଅତ୍ୟନ୍ତ ଚମତ୍କାର ଭାବରେ ଆଲୋଚ୍ୟ କବିତାରେ ପ୍ରକାଶ କରିଅଛନ୍ତି। ସାଂପ୍ରତିକ ଜୀବନ ଯନ୍ତ୍ରଣାକୁ ଏହି କବିତାରେ ଉକ୍ତ ମିଥ୍ ମାଧ୍ୟମରେ ପ୍ରକାଶ କରାଯାଇଛି। ଅତଏବ କବି ଦୀପକ ମିଶ୍ରଙ୍କର ପ୍ରାୟ ସମସ୍ତ କବିତାରେ ମିଥ୍‌ର ବ୍ୟବହାର ହୋଇଥିବା ଲକ୍ଷ୍ୟ କରାଯାଏ। ଏହି ମିଥ୍ କେଉଁ କବିତାରେ ପୂର୍ଣ୍ଣାଙ୍ଗ ରୂପେ ଏବଂ କେଉ କବିତାରେ ଖଣ୍ଡାଂଶ ରୂପେ ବ୍ୟବହୃତ ହୋଇଛି। ତଥାପି ଭାବ ସଂପ୍ରସାରଣରେ ଏହା ସାହାଯ୍ୟ କରିବା ସଙ୍ଗେ ସଙ୍ଗେ କାବ୍ୟ ସୌନ୍ଦର୍ଯ୍ୟ ସୃଷ୍ଟି କରିବାରେ ଏହା ସାହାଯ୍ୟ କରିଥାଏ। ଫ୍ରଏଡୀୟ ତତ୍ତ୍ୱକୁ ନେଇ କବି ଯେପରି 'ସାପଖେଳ' କବିତା ରଚନା କରିଅଛନ୍ତି ସେହିପରି ସେ ତନ୍ତ୍ର ଦର୍ଶନକୁ ନେଇ 'ବୃତ୍ତାନ୍ତ' କବିତା ମଧ୍ୟ ରଚନା କରିଅଛନ୍ତି। ପ୍ରତ୍ୟେକ କବିତା ସ୍ୱକୀୟ ମହିମାରେ ମହିମାନ୍ୱିତ। କୌଣସି କବିତା ଭାବ ସଂପ୍ରସାରଣରେ ବା ଭାବ ବିନିମୟରେ ବାଧା ସୃଷ୍ଟି କରେ ନାହିଁ। ପ୍ରତ୍ୟେକ କବିତାରେ ଅଛି ଦୀପ୍ତି। ନୂତନ ନୂତନ ଚିତ୍ର-କଳ୍ପ ସଂଯୋଜନା ଓ ପ୍ରତୀକର ବ୍ୟବହାର ସଙ୍ଗେ ସଙ୍ଗେ ମିଥ୍‌ର ଯଥାର୍ଥ ପ୍ରୟୋଗ ଏହି କବିତା ସଂକଳନର ପ୍ରତ୍ୟେକ କବିତାକୁ କାଳଜୟୀ କଳାମୂଲ୍ୟ ପ୍ରଦାନ କରିଛି। ଭାଷା ବ୍ୟବହାରରେ କବି ସଂଯତ ଓ ମିତଭାଷୀ, ଅଥଚ ତାଙ୍କର କାବ୍ୟ-ଭାଷା ଭାବଗର୍ଭକ। ପୂର୍ବ କବିତାମାନଙ୍କରେ ଯେପରି ସେ ବେଳେବେଳେ ଗଦ୍ୟାତ୍ମକ ହୋଇପଡ଼ିଥିଲେ 'ବୃତ୍ତ' କବିତା ସଂକଳନରେ ଅନ୍ତତଃ ସେଥିରୁ ମୁକ୍ତ ରହି କବିତାର ବିବିକ୍ତତା ସୃଷ୍ଟି କରିଅଛନ୍ତି। ବସ୍ତୁ ଶାସ୍ତ୍ର ଓ ଗ୍ରନ୍ଥ ଅଧ୍ୟୟନ କରି, କ୍ଷତବିକ୍ଷତ ଜୀବନ ସମ୍ବନ୍ଧରେ ବିପୁଳ ଅନୁଭୂତି ଲାଭ କରି ସେ କବିତା ସୃଷ୍ଟି କରିଚାଲିଛନ୍ତି। ବେଦ, ବେଦାନ୍ତ, ମହାଭାରତ, ଚଣ୍ଡୀପୁରାଣ, ଗୀତା, ଭାଗବତ ଓ ବିଭିନ୍ନ ତନ୍ତ୍ର ଶାସ୍ତ୍ର ଆଦି ଗ୍ରନ୍ଥଗୁଡ଼ିକର ଆତ୍ମିକ ଭାବ ସତେ ଯେପରି ତାଙ୍କର ସମସ୍ତ କବିତାରେ ବିଛାଡ଼ି ହୋଇ ପଡ଼ିଛି। ତାଙ୍କ କବିତାର ବିଚାରକ ମହାକାଳ। ନିଶ୍ଚିତ ଭାବରେ ଏହ କାଳ ବକ୍ଷରେ ତାଙ୍କର କବିତା କାଳାତୀତ ହୋଇ ଜଳ ଜଳ ହେବ। ଏହି କାରଣରୁ ସେ କହନ୍ତି –

"ତେଣୁ ମୁଁ ତ ଧନ୍ୱନ୍ତରୀ
ଆସିଛି ଉତୁରି
କେତେ ଯେ ସମୁଦ୍ର ମନ୍ଥନ କରି
ମୋ ଦୁଇ ହାତରେ ଦେଖ ଜଳଜଳ ନିରାମୟ ଅମୃତରପାତ୍ର।"

ଏହାହିଁ କବି ଦୀପକ ମିଶ୍ରଙ୍କର କାବ୍ୟପୁରୁଷର କାବ୍ୟ ଜିଜ୍ଞାସା ଓ କାବ୍ୟ-ଚେତନାର ସର୍ବଶେଷ ଅଭିବ୍ୟକ୍ତ। ଅମୃତ ଆଶାୟୀ କବି ମିଶ୍ରଙ୍କର କାବ୍ୟପୁରୁଷ ତଥାପି ସୃଷ୍ଟି କରିଚାଲିଛି ନୂତନ ନୂତନ କବିତା। ଏହି ସୃଷ୍ଟିର ବିରାମ ନାହିଁ। ସେହି ଅପ୍ରତିହତ

ସୃଷ୍ଟି ପ୍ରକ୍ରିୟାରେ, 'ବୃତ୍ତ' ଅଷ୍ଟମ ଦଶକର ମଧ୍ୟବର୍ତ୍ତୀ ବିନ୍ଦୁରେ ବାସ୍ତବିକ ଏକ କ୍ରାନ୍ତି ସୃଷ୍ଟି କରିଛି- ଏ ବିଶ୍ୱାସ ମୋର ଅଛି ।

ଦୀପକ ବାବୁ ଏହି କବିତା ସଂକଳନର ସେତୁ ରଚନା କରିବାକୁ ମୋତେ କାହିଁକି କହିଲେ ମୁଁ ଜାଣେନା । ଏହି କବିତାଗୁଡ଼ିକ କବି ଆଉ ପାଠକ ମଧ୍ୟରେ ଆପେ ଆପେ ସଂଯୋଗ ସେତୁ ସ୍ଥାପନ କରିବାକୁ ସଂପୂର୍ଣ୍ଣ କ୍ଷମ । ତଥାପି ବନ୍ଧୁଙ୍କର ଅନୁରୋଧରେ ଏହି ଉପକ୍ରମଣିକା । ଏହାଦ୍ୱାରା ଯଦି ପାଠକ ଓ ଏହି କବିତା ସଂକଳନର କବିତାଗୁଡ଼ିକ ମଧ୍ୟରେ କିଛିଟା ସଂଯୋଗ ସ୍ଥାପନ କରିବାକୁ ଏ ଉପକ୍ରମଣିକା ସାହାଯ୍ୟ କରେ ତେବେ ମୋର ଶ୍ରମ ସାର୍ଥକ ହେଲା ବୋଲି ମଣିବି ।

ଅଧ୍ୟାପକ ବୈଷ୍ଣବଚରଣ ସାମଲ

ରେଭେନ୍ସା କଲେଜ, କଟକ-୩

ଅପଭ୍ରଂଶ

ସମୟ ସରିବ ଦିନେ
ବୟସ ଓ ଯିବ
ଯେତେ ସୁସ୍ୱାଦୁ ଫଳ ମଧ୍ୟ ଦିନେ ହେଲେ
ପଚି ସଢ଼ି ଲୋପ ପାଇଯିବ ସେଇ ସମୟର
ଅନ୍ୟ କୁହାଟରେ। ଏତକ ବୁଝିବା ପାଇଁ
ତୁମେ ତ ପ୍ରସ୍ତୁତ ନୁହଁ-; ନିଆଁ କେବେ
ଭାବେ ନାଇଁ ଯେ ସେ ମଧ୍ୟ ମଉଳିଯିବ
ସମୟ ଛାତିରେ ଓ ତାହାର ସ୍ୱାସ୍ଥ୍ୟ ସବଳତା
ସମସ୍ତ ଘୋଡ଼ାଇ ହୋଇ ରହିଯିବ ପାଉଁଶ ହାଡ଼ରେ।।

ମୋର ଲୁହରେ ତମେ ଆଜି ସ୍ଥଳପଦ୍ମ
ଲୋକଙ୍କ ପାଖରେ ଫାଟିପଡ଼ ଗର୍ବରେ
ଉଛୁଳି ଓ ମୋ ଲୁହ ପାଲଟିଯାଏ ଝାଳ
ଖାଲି-; ମନର ଦୁର୍ବଳତା ଯାହା ଫୁଟିପଡ଼େ
ତୁମ ଅହଂକାରୀ କପାଳର ଅମାପ ମାଟିରେ।

ଆଗେ ତ ପୋଡ଼ିବ ଯେତେ ଦେହର ଦାମିକା ଅଂଶ
ନିଆଁ ମଧ୍ୟ ସୌନ୍ଦର୍ଯ୍ୟକୁ ଭଲପାଏ ଓ ତା'ର ଉଷୁମ ଚୁମ୍ବନ
ସବା ଆଗେ ଶୋଷିନିଏ ବାଛି ବାଛି ନଂଦନ କାନନ ଓ
କେଉଁ ଅପରିଚିତ ମୁର୍ଦ୍ଦାରରେ ପରିଣତ ହେବ ତୁମ ବୀଭତ୍ସ କଂକାଳ।।

ପୃଥିବୀରେ ଏ ଯାବତ୍ ଯେତେ ପ୍ରେମ ହୋଇଛି ସଂଭବ
ଏବଂ ଯାହା ସଂଗଠିତ ହେବା ପାଇଁ ଅପେକ୍ଷା କରିଛି
ସମସ୍ତେ ଭୋଗିବେ ଏଇ ଏକ ଦଶା ନିଜକୁ ହିଁ କେନ୍ଦ୍ର କରି
ନିଜ ବୃତ୍ତର ରେଖାରେ। ଏ ମାଟି ପାଇବ ସିନା
କିଛି ବିଚିତ୍ର ଲୁହର ସ୍ୱାଦ ଓ ଏ ନଭମଂଡଳ
ଧୋଇହେବ ନାନା ନିଃଶ୍ୱାସରେ। ଦେଉଳରେ
ଦିଆଯିବ ନୂତନ ଚୂନର ବେଢ଼ଣ। ତୁମେ
ବ୍ୟବହାର କରୁଥିବା ଏବେକାର ଶାଢ଼ୀ ଆଉ ଅନ୍ୟାନ୍ୟ
ପୋଷାକ ପିଂଧି ଗଳିକଂଦି ବୁଲୁଥିବେ ଆହୁରି
ଅନେକ ଝିଅ ବୟସର ବାସ୍ନାରେ ଚୌଦିଗ ଭୁଲାଇ।

ତୁମେ ସେତେବେଳେ ପିଂଧିଥିବ ଧଳାଶାଢ଼ୀ ଓ କୁଶାସନ
ସାମ୍ନାରେ ପୋଡୁଥିବ ଧୂପକାଠି ଯାହାର ସୁଗଂଧ ଧୂଆଁରେ
ହସି ହସି ଫୁଲୁଥିବେ ଭାଗବତ ବହିର ଅକ୍ଷର ଓ ତୁମ
ଅତୀତର ଅହଂକାର ଲୋଟୁଥିବ ଅପରାଧୀ ବିକଳ ମନରେ।

ଦମକା ପବନ ପରି ତମ ଶେଷ ୪୦ ପାହାଚରୁ
ଓହ୍ଲାଇବ କେଇପଦ ଉପଦେଶାମୃତ-;
'ପ୍ରାଣୀର ଭଲ ମନ୍ଦ ବାଣୀ
ମରଣ କାଳେ ତାହା ଜାଣି।'

ଏବଂ ତୁମ ଖଇର ରଂଗର ରୁଦ୍ରାକ୍ଷ ମାଳ
ମଲାସାପ ପରି ଶୋଇଥିବ ସ୍ତିମିତ ଛାତି ଆଳମାଳେ।

ଅନୁତାପ ଏକ ସମୟ ସାପେକ୍ଷ କଥା
ଯାହା ପ୍ରାୟ ଦେଖାଦିଏ ଆପଣା ମର୍ଜିରେ
ଅନୁତପ୍ତ ଲୋକର ଭୋକରେ ଯଦିଚ ତାହା ଦେଖିବାକୁ
ବଂଚି ରହି ନ ପାରେ ବି ଅପର ନିର୍ଦ୍ଦୋଷ ମଣିଷ।

କିଏ ଅବା କୋଳି ଖାଇ କୋଳି ମଂଜି ପୋତିଛି ଏଠାରେ।।

ତେଣୁ ତୁମ ସୁଠୋଲ ଗୋଇଠି ସମେତ ପାଦର ଗର୍ବିତ ଚାପରେ
ଆଜି ଯେଉଁ ଧୂଳି ହୁଏ ଅବଶ ଓ ବୈଧବ୍ୟ କାତର
ତେଣୁ ତମ ସୁଗୋଲ ବାହୁ ସମେତ ବେତକୋଳି ନଖାଗ୍ରରେ
ଆଜି ଯେଉଁ ବାୟୁ ହୁଏ ରକ୍ତବର୍ଣ୍ଣ ଓ କ୍ଷତାଂଶ ବିବର;
ସେଇ ଦିନେ ଟାଣିନେବେ ତୁମ ତ୍ରିକାଳର
କୃତ୍ରିମ ସାହସର ମନ,
କେଉଁ ରାଧା ପରିପୂର୍ଣ୍ଣ ଯଦି ନାଇଁ
ଯମୁନା ଓ କାଳିଂଦୀ ବିଜନ,
ଯଦି ନାଇଁ ଯଂତ୍ରଣାରେ ଧିକି ଧିକି
ଜଳିଯିବା ବଇଁଶୀର ଶୂନ୍ୟ ନିବେଦନ,
ଯଦି ନାଇଁ ବିନିମୟ ନିଶାର ନିକ୍ୱଣ-;
ତେବେ କେଉଁ ସୁନାର ପ୍ରତିମା ସୀତା
ଅବସାନ ଘଟାଇ ପାରେ ଶ୍ରୀରାମଙ୍କ ଆଂତରିକ ଦୁଃଖର ଚେତନା।

ତେଣୁ ଅନୁତାପ ଦୋଷକୁ ଭୁଲାଇବା ପରିବର୍ତ୍ତେ
ଆହୁରି ବିମୂର୍ତ୍ତ କରେ ତାହାର ସ୍ମୃତିକୁ ଓ ନିଜର
ଆଖପାଖ ଜଂଜାଳରେ କେବଳ ଘନିଷ୍ଠ ହୁଏ
ବୈଶାଖର ମେଘ ଭଳି ହତାଶାର ଅଗ୍ନି-ପ୍ରକୋଷ୍ଠରେ;
ଏବଂ ପୁରୁଣା ପୋଷାକ ସବୁ ଭୀଷଣ ହୀନସ୍ଥା କରେ
ବୟସର ଅଫିମରେ କଳା ପଡ଼ି ଯାଇଥିବା ଡଉଲ ରୂପକୁ।

ଅନୁତାପ ଏକ ବିଶେଷ ଧରଣର ବିଷଦାଂତ
ଲାଗିଥିବା ପୋଷା-ସାପ ଯେ ମାରେ ନୃଶଂସ ଚୋଟ
ଗୀତ ବୋଲୁଥିବା ଲୋକ ମଝିବାଟରେ
ହଠାତ୍ ରୋକିଗଲେ କିଂବା ଗୀତର ପ୍ରକୃତ ଭୟ
ତା' ତଂଟିକୁ ଚିପି ଦେଲେ ପ୍ରକୃତିସ୍ଥ ଅବସ୍ଥାରେ।

ସାପର ଚୋଟରେ ଦେହ ସିନା ନୀଳ ହୁଏ
କିଂତୁ ଅନୁତାପ ନୀଳ କରେ ମନର ରକ୍ତକୁ ଓ
ରକ୍ତର ସତ୍ୟକୁ କିଏ ଅସ୍ୱୀକାର କରିଅଛି
ରଜା ଅବା ପ୍ରଜା ହେଉ ସିଏ।

ଗୋଟିଏ ସମୟ ଯିବ ଉଡ଼ି କୁଂଡ଼ା ପରି
ଅନ୍ୟ ସମୟର କୁଲା-ପାଛୁଡ଼ାରେ ଏବଂ
ପ୍ରେମର ଗଂଧ ନେଇ ଦୌଡ଼ିବ ଦୁର୍ବାର ବତାସ
ପଥର ତଳେ ଶୋଇଥିବା ମଣିଷ ପାଖକୁ-;
କହିବ ଉଠ ବୈଦେହୀ ରାତି ପାହିଲାଣି।
ରାତିର ଅନୁତାପ ଦେଖ ଝରିପଡ଼େ ସକାଳର ଗେରୁଆ ଲୁଗାରେ।।

ତା ୮-୧୨-୭୩

ବିଚାର

"Iago :-
Though in the trade of war I have slain men, yet do I hold it very stuff o' th' conscience to do no contrived murder. x x x"

Othello- Scene II-Act-1.

ମାନୁଚି :
ମାଗିଥିଲି ଦିନେ ତମ ଲୁହ,
ଜ୍ୟେଷ୍ଠର ପାପୁଲିରେ ଗ୍ରୀଷ୍ମର ରକ୍ତିମ କ୍ରୋଧ
କିପରି ଉଶ୍ୱାସ ହୁଏ ଆଷାଢ଼ର ବିଗଳିତ ନିଶାର
ସ୍ନେହରେ; ଯାହାକୁ ଅନ୍ୟାନ୍ୟ ଲୋକ ମେଘ ବୋଲି କରଂତି ଚିହ୍ନଟ।

ମାନୁଚି :
ମାଗିଥିଲି ଦିନେ ତମ ହସ
ରହି ରହି ଆସୁଥିବା ଓ ଉପରେ ଉପରେ
ଉଡ଼ି ଯାଉଥିବା ପବନ ଯେପରି ଛୁଏଁ ନାଇଁ
ଆମର ଦେହକୁ ଅଥଚ ପବନ ଚାଲେ କି
ତୀବ୍ର ଗତିରେ କଅଁଳା ଅଂଡିରା ବାଛୁରୀ ପରି
ସେ ଖାଲି ଭଲପାଏ ଶୋଇବାକୁ ଅରମା ଜାଗାରେ।।

ସେ ଦିନ ଯେତେବେଳେ ସାଧାରଣ
ଭାବେ ସଂଜ ଚାଲି ଆସୁଥିଲା ପାଦେ ପାଦେ
ନୂଆ ଚାଲି ଶିଖୁଥିବା ବୟସ୍କ ଦଂପତିଂକ ଝିଅ ପରି;
ତୁମର କରୁଣ ପ୍ରଶ୍ନ ପଡ଼ୋଶୀଙ୍କ ବଗିଚାରେ ଫୁଲପ୍ରତି

ଫୁଲ ଜଗାଳୀର ବାତ୍ସଲ୍ୟ ମମତା ଦେଖି –; କ'ଣ ଫୁଲ
ଆଉ ଫୁଟିବନି ଆମ ଅଗଣାରେ, ଖଂଡେଦୂର ପାହାଡ଼
ଗଭାରେ ସଂଜ ଦେଖା ଦେଲେ। କିଏ ମନା କଲା
ଯେ ଫୁଲ ଆଉ ଫୁଟିବନି ଜ୍ୟେଷ୍ଠର ଝାଂଜିରେ
ଆମ ଧୂସର ମାଟିରେ କିଂବା ଅଂଧକାର ଘୋଟିଗଲେ ପୂର୍ଣ୍ଣମୀ ତିଥିରେ।

ଅଂଧାରର ଏକ ଭିନ୍ନ ଶୀତଳତା ଅଛି ଯାହାର
ଅଲିଖିତ ଭାଷା ବୁଝେ ଫୁଲ ତା'ର ନିଜସ୍ୱ ଶ୍ୱାସ-ପ୍ରଶ୍ୱାସରେ
କିଂତୁ ଫୁଲର ଭାଷା କ'ଣ ବେତନଭୋଗୀ ମାଳି ବୁଝିପାରେ।।

ବିବେକ ନିର୍ମମ ନୁହେଁ କାରଣ ସେ ମଧ୍ୟ ମନା କରେ
ନୃଶଂସ ବ୍ୟକ୍ତିକୁ ଆଉ ରକ୍ତପାତ ନୁହେଁ ଯୁଦ୍ଧ
ଅବା ପ୍ରେମ ପାଇଁ ହେଉ। ସେ ମଧ୍ୟ ଖେଳାଏ ହସ
ତା' କୁଟିଳ ଚକ୍ରାଂତ ଓଠରେ ଓ ବେଶ୍ ନରମ ଗଳାରେ
ଡାକିପାରେ ସମୁଦ୍ରର ଦୁଇ କୂଳ ଛୁଇଁ-;
କି ଅପୂର୍ବ ପ୍ରେମ ଦେଲ ହେ ବିଧାତା ଦୁହିଂକ ଆଖିରେ
ଯାହା ପାଇଁ ଅକ୍ଳେଶରେ ଯେ କେହି ନିଜକୁ ରାଜା ଅବା
ଫକୀରରେ ପରିଣତ କରି ଦେଇପାରେ। ତୁଛ ଏତ
ଅସ୍ତ୍ରର ନିଶାଣ ଏବଂ ଯେତେ ଷଡ଼ଯଂତ୍ର
ପୁରୁଷ ମନର ତୁମେ ଯେପରି ଜାଣିଥିଲ
ଡେସ୍‌ଡିମୋନା-କ୍ଲିଓପାଟ୍ରାଦଳ; ଠିକ୍ ସେପରି
ପୂର୍ବ ଆକାଶ ଜଳେ କେତେ ଚିତ୍ରାଂଗଦା, ଦ୍ରୌପଦୀ
ଓ ଦମୟଂତୀର ଦୁଃଖ-ନିଃଶ୍ୱାସରେ ଏ ସମସ୍ତ
ମୋହ, ଏବଂ ଗୋଟେ ମୋହ ଭଂଗ ପରେ ଆଉ ଏକ
ମୋହରେ ମିଶିବା ଯାଏଁ ଅନ୍ତଃବର୍ତ୍ତୀ ସମୟରେ
ପୁରୁଷ ଓ ନାରୀ ଦୁହେଁ ବୁଲଂତି କେବଳ କିଏ ବା
ସଂବଳ କରେ ପୂର୍ବ ମୋହର ଆହ୍ଲାଦ-; ଅନ୍ୟ କିଏ
ଜଳେ ଖାଲି ଅବସାଦ ପରିପୂର୍ଣ୍ଣ ବିଦୀର୍ଣ୍ଣ ହୃଦୟ
ନେଇ କୋଳାହଳ ଜଗତ ମଧ୍ୟରେ।।

କିଏ ନ ଜାଣେ କହ ସ୍ନେହ ନିମ୍ନମୁଖୀ
କୋମଳ ପାଣିର ପ୍ରତ୍ୟଂଗ ପରି ସେ ଓଦା କରେ
ଜାଣି ଜାଣି ବିମର୍ଷ ମନକୁ; ଅଥଚ ଦେଖ
ସେ କେଡ଼େ ନିଃସହାୟ ନିଜେ; ନହେଲେ
ଜୈତ ବନର ସେଇ ତରୁଣ ସନ୍ନ୍ୟାସୀ କିଆଁ ହାତେ ଧରି
ଭିକ୍ଷା ପାତ୍ର ଚାଉଳ ମୁଠାଏ ପାଇଁ ଛଳନାରେ ବୁଲିଥାଂତା
ଶ୍ରାବସ୍ତୀର ରାଜପଥେ ଅସ୍ତଗାମୀ ସୂର୍ଯ୍ୟର ମୁହଁରେ
ଦେଖି ନିଜର ପ୍ରତିଜ୍ଞା–; ସେ କିଆଁ ଛୁଇଁଥାଂତା
ପ୍ରତ୍ୟେକ ଘରର କବାଟ ଯାହା ବଂଦ ହୋଇ ରହିଅଛି
ସନାତନ ଖରାର ଦୁଃଖରେ। ଏହାହିଁ ଅବ୍ୟକ୍ତ ଗତି
ଭଲ ପାଇବାର ଯେଉଁଠି ଜଣକର ପ୍ରତିଅଂଗ
କାଂଦି ଉଠେ ଅପରର ପ୍ରତିଅଂଗ ପାଇଁ ଏବଂ
ଚିଂତାରେ ଯାହାର ପିତାଂବର ପାଲଟିଯାଏ
ନୀଳବସ୍ତ୍ର ମାଲିକଂକ ମହିମାକୁ ଖାତିର ନ କରି।

ସେ କେଉଁ ପୁରାଣ କାଳରେ ଦେବତା ବି
*କର୍କୋଟକ ନାଗ ରୂପ କରିଲେ ଧାରଣ
ରମଣୀର ପ୍ରେମ ପାଇଁ ଓ ଅପରାଧ ବିହୀନ ରାଜାକୁ
କଲେ ବିକୃତ ଚୋରି କରି ଶେଷ ବସ୍ତ୍ର ଦେହରୁ ତାଂକର।

କିଂତୁ କେଉଁ ଦେବତାଂକ ଅପାର ଐଶ୍ୱର୍ଯ୍ୟ ବଳାତ୍କାରେ
ନେଇପାରେ ଯୁବତୀ ମନକୁ ବଂଦୀ କରି ନିଜ ଇଂଦ୍ରଭୁବନକୁ।।

ତୁମର ମନେଥିବ କି ନାଇଁ
ମୁଁ ଜାଣେ ନା,

* ମହାଭାରତର ବନପର୍ବସ୍ଥ ନଳଦମୟଂତୀ ଉପାଖ୍ୟାନରେ ଉପଦେବତା ଶନି ଏଇ କର୍କୋଟକ ନାଗ ରୂପ ଧାରଣ କରିଥିଲେ।

ତଥାପି କହୁଚି ଶୁଣ :
ଯେ ଉଭୟ ପ୍ରେମ ଓ ମୃତ୍ୟୁ
ମଣିଷର ଶେଷ ଶତ୍ରୁ;
ଏବଂ ଆମେ ସମସ୍ତେ ଜୀବନର ପ୍ରତୀକ୍ଷା ଗୃହରେ
ଆଗେ ପ୍ରେମ ଓ
ପରେ ମୃତ୍ୟୁକୁ ହିଁ ଅପେକ୍ଷା କରିଛୁଁ କାଳ କାଳ ଧରି ।

ଆହୁରି କହିଚି :

ମୃତ୍ୟୁର ଅଂଧାର ଘରକୁ
ଆଲୋକିତ କରେ ପ୍ରେମର ଅତୀତ ଜୀବନ
ଓ ଶ୍ମଶାନକୁ ଶୋଭାଯାତ୍ରା ଏହାର ଏକ ନଗ୍ନ ନିଦର୍ଶନ ।

ତେଣୁ ସାମାନ୍ୟ ନାରୀର ପୁଷ୍ପଲୋକରେ
ନୃଶଂସ ପୁରୁଷର ଭୟାନକ ଇଚ୍ଛା ଶୋଇପଡ଼େ
ପକ୍ଷହୀନ ପ୍ରଜାପତି ପରି କେଉଁ ସଂବୃତ ମଂତ୍ରରେ ।

ମନ ଏକ ଆହତ ଆଲୋକ ।।

ଆହତ ପକ୍ଷୀ ଯେଭଳି ଆଉ ଗାଏ ନାଇଁ ଗୀତ
ଆହତ ଆଲୋକ ଆଉ ନ ଦେଖାଏ ପଥ;
ଆହତ ଗଛରେ ପବନ ଆଗ ପରି ବୁଲାଏନି ହାତ
ଆହତ ଆକାଶ ଆଉ ଜଳେ ନାଇଁ ବକ୍ଷେ ଘେନି ସୁବର୍ଣ୍ଣ ପ୍ରଭାତ ।

ସବୁ ଭଲ, ଯଦି ଭଲ ହୁଏ ଖାଲି ମଣିଷ ହୃଦୟ
ତେବେ ଯାଇ ଫୁଟେ ସେଇ ଫୁଲ ଯା'ର ନାଇଁ ଝରିବାର ଭୟ ।

ତା ୩୧-୫-୭୪

ଚୁକ୍ତି

ସମୟ ନେଉଛ
          ନିଅ
କିଂତୁ କୁହ,
ମନର ମୀମାଂସା କେବେ
କା'ର ହୋଇ ନାଇଁ ଶେଷ;
କେବଳ ସମୟ ନଷ୍ଟ
କେବଳ ଜୀବନ ନଷ୍ଟ
ସମୟର ରାହା କାହିଁ ପୋଛିବ ମନର ଶୋଷ।

ସୂର୍ଯ୍ୟକୁ ସମୟ ଭାବି
ନିଦ୍ରା ଯାଅ ନୀହାରିକାର ପ୍ରଥମ
ତାରାର ଛାତିରେ କିଂତୁ କି ବିଶ୍ୱାସ
ଅଛି ଯେ ସୂର୍ଯ୍ୟ ଉଇଁବ ଆରଦିନ
ମଂଦାର ଫୁଲ ପରି–; ଏପରି କ'ଣ ନ ହେବ
କୁହୁଡ଼ିରେ ସେ ପଡ଼ିଛି ଏକ ବୁଢ଼ା ନାଲ ରୋହି ଭଳି
କିଛି ନ ହେଲେ ପରାଗରେ ମୁହଁ ତା'ର କଳା ପଡ଼ିଯିବ।।

ସେତେବେଳେ ତୁମ ସମୟର ସର୍ତ୍ତ
ପାଲଟିବ ଗଳ୍ପ ଓ କବିତା କାହା ଡାଳିଂବ ବନରେ।

ଏ ଅଥର୍ବ ଜଳବାୟୁରେ
ବିଚକ୍ଷଣ ଯୌବନ ଆଉ ରହେ କେତେ ରାତି
ତେଣୁ ତେଲ ଘଡ଼ିରେ ହାତ
ତ ପୁଅ ମୁଂଡ଼ରେ ହାତ;
ଦେଖୁ ଦେଖୁ ଘାସରୁ କାକର ଯାଏ ଶୁଖି।।

ଏପରି ଭାବିବାରେ ଆଉ ଯାହା ଥାଉ ପଛେ
ଯୁକ୍ତି ନାଇଁ ତିଳାର୍ଦ୍ଧ ପ୍ରମାଣ ଯେ ତୁମ
ଚାହାଣୀର ନିଆଁ ଜାଳିଦେବ ମୋ ସଂସାର
ଜତୁଗୃହ ପରି ଓ ମୋର ପିଲାଛୁଆ
ଭାସିଯିବେ ରାତାରାତି ଜୁଆର ମୁହଁରେ।

ପାହାଂତାରେ ଶୁଣିବି ବିଦେଶୀ ଗାୟକ କଣ୍ଠେ
ଓଡ଼ିଆ ଭଜନ ଯାହା ଦିଏ ପରକାଳ ସୁଖର ସାମଗ୍ରୀ
ଏବଂ ବଜାର ଦର ମୂଲାଇବି ଅପରିବର୍ତ୍ତିତ ବ୍ରେସିୟର ପାଇଁ।

ପର୍ବପର୍ବାଣିରେ ଯିବି ଦିଅଁ ଦେଖି ପେଟେରୋର
ମଠା ଧୋତି କୁଂଚକୁ ସଂଭାଳି; ଚଉଁରାରେ ପାଣି
ଦେବି ପୁଣି ସେଇ ସୂର୍ଯ୍ୟକୁ ହିଁ ଚାହିଁ ଓ
ସ୍ୱର୍ଗତ ପିତାଂକ ଫଟୋ ତଳେ ଠିଆ ହେବି କୃତଜ୍ଞ ସଂତାନ ଆହା;
ରାଗ ଚାପି ହସୁଥିବି ପଡ଼ୋଶୀ କର୍ତ୍ତାଙ୍କ ସଂଗେ
ଆଉ ପର ନାରୀଂକୁ ମଣିବି ଆପଣାର ମାଆ ପରି
ଓ ଭିକାରୀଂକୁ ଯଥୋଚିତ ସତ୍କାର କରିବି।।

ଏତେ ଅଂଗୀକାର ପରେ ଯଦି
ଭାବୁଥାଅ ତୁମ ଓଦା ବାଳର ଛାଇ,
ମୋ ଘରକୁ କରିବ ଶ୍ମଶାନ
ଓ ଶସ୍ୟ କ୍ଷେତ୍ର ହେବ ପୋଡ଼ାଭୂଇଁ;

ତା ହେଲେ ତମର ସ୍ୱରରେ
ନାଇଁ ନାରୀର ନିଜସ୍ୱ ଭାଷା,
ତା' ହେଲେ ତୁମର ଆଖିରେ
ନାଇଁ ଚୁଂବନର ଅନୁନୟ ଆଶା,
ସେ ସ୍ତନରେ ନାଇଁ ମମତାର ସୁନା-ଚଂପା ମାଳ
ସେ ନାଭିରେ ନାଇଁ ମୃଗୟାର ସ୍ନିଗ୍ଧ ଶୀତ କାଳ।

ତା' ହେଲେ ନିଃଶବ୍ଦ ବିଦାୟ ବଡ଼ ଭଲ
କାରଣ ଭିକ ନ ହେବ ତ ନାଇଁ,
କାହିଁକି ବା ଭାଂଗିବ ଆଉ ଆଜନ୍ମ ଭିକାରୀର ଥାଳ।।

ତା ୨୯-୯-୭୪

ପରିଶିଷ୍ଟ

ଏତେ ଜିନିଷ ଥାଉ ଥାଉ
ମେଳାର ଏ ପାଖେ, ସେ ପାଖେ;
ତୁମେ ମାଗିଲ କେବଳ ନଡ଼ିଆ ଫୁଲ।

ନଡ଼ିଆ ଫୁଲର ପୋକ
ତା' ଗୀତରେ ଅସୁମାରି ଭୋକ;
ସେ ଉଡ଼ାଏ ମରଣ-ଚଅଁର
ମନେ ମନେ ନିଜକୁ ଭାବେ ଗୋପର ଭଅଁର।।

ଏତେ ଜିନିଷ ଥାଉ ଥାଉ
ଦୋକାନ ବାହାର ଭିତର ଭର୍ତ୍ତି
ତୁମେ ମାଗିଲ କେବଳ ଗୋଟିଏ ମାଟିର ଦୀପ।

ସେ ଦୀପର ଗର୍ଭଜଳେ
ଅମୁହାଁ ଦେଉଳେ;
ମୁଁ ଦେବତା ଅନ୍ନ-ବସ୍ତ୍ର ହୀନ
ଦିଅ, ଦିଅ ତୁମ ଦେହର ନୈବେଦ୍ୟ-ବ୍ୟଂଜନ।।

ଏତେ ଏତେ ଜଳାର୍ଣ୍ଣବ ଥାଉ ଥାଉ
ତୁମର ସୁଶୋଭିତ ସ୍ଥଳଭାଗ ଘେରି
ତୁମେ ମାଗିଲ କେବଳ କେଇ ବିଂନ୍ଦୁ ସଶବ୍ଦ ଶିଶିର
ଭୁଲିଗଲ, ଉତ୍ତପ୍ତ ସକାଳ ହାତେ ସେ କରେ ହାହାକାର।

ଏତେ ରତ୍ନ-ମାଣିକ୍ୟ ଥାଉ ଥାଉ
ତୁମେ ଆଜ୍ଞା କଲ, ଲୋଡ଼ା ଖାଲି ସ୍ଫଟିକର ମ୍ଳାନ ଚଂଦ୍ରହାର।।
ଏତେ ପକ୍ଷୀ ଓ ସେମାନଂ ଚଂଚଳ ଡେଣା ଥାଉ ଥାଉ
ତୁମେ ମାଗିଲ ସେଇ ଶରାଘାତ ନିର୍ଦ୍ଦୋଷ ହଂସକୁ,
ରହ, ରହ, ଅଭିମାନ-ସିଂହାସନ ଛାଡ଼ି ନ ଯାଅ ବନକୁ
ରକ୍ତାପ୍ଳୁତ ଶର ନେଇ ସୁପୁରୁଷ ଦେବଦତ୍ତ ଆସୁଥିବ ମୋ'ରି ପାଖକୁ;
ଦେବି, ଦେବି, ହଂସଟିଏ ନିଶ୍ଚେ ଦେବି
ତୁମକୁ ନ ଦେଲେ ମଧ୍ଯ ତୁମ ବାହୁ-ବଂଧନକୁ;
ନ ହେଲେ ଦେଉଚି କଥା ତା'କୁ ମୁଁ ଉଡ଼ାଇ ନେବି
ତା'ର ପ୍ରିୟ ପରିବାର ବର୍ଗ ନିକଟକୁ।

ସବୁ ହେଲା ଏବଂ ତୁମେ ଯାହା ପାଇବାକୁ
ଚାହିଁଥିଲ ପ୍ରାୟ ପାଇଁଗଲ-; କିଂତୁ ଦିନୁଁ ଦିନ
ତୁମ ଉଚ୍ଚାରଣ ପ୍ରେମାବିଷ୍ଟ ହେବା ପରିବର୍ତ୍ତେ
ଅନର୍ଥର ହେଉଛି କାରଣ।

ଦେଖ, ଦେଖ;
ଯେଉଁ ମୁହଁରେ ହୁଳହୁଳୀ,
ସେଇ ମୁହଁରେ ବାଜେ ପୁଣି ଶଂଖ।।

ତା ୧-୧୧-୭୪

ଦୃଷ୍ଟାନ୍ତ

୧

ନିଃଶବ୍‌ଦତାର ଆଶ୍ଚର୍ଯ୍ୟ ଦୀପ
ରୁ
ପ୍ରଥମ ଯେଉଁ ଶବ୍‌ଦ ଭାସିଆସିଥିଲା
ତାହାର ନାମ ପ୍ରେମ ।

କେହି କେହି କହଂତି
ପ୍ରେମ ଏକ ନିର୍ଜନ ଅହଂକାର ।।

୨

ଶବ୍‌ଦର ଶ୍ୟାମଳ ତରଂଗ
ରୁ
ଶେଷ ଯେଉଁ ବିଂଦୁ ସ୍ତବ୍‌ଧ ହୋଇଥିଲା
ତାହାର ନାମ ମୃତ୍ୟୁ ।

କେହି କେହି କହଂତି
ମୃତ୍ୟୁ ଏକ ପରିଛନ୍ନ କାରାଗାର ।।

୩
ମୁଁ କ'ଣ ମାଗିଥିଲି
ଆଉ ମନେ ନାଇଁ,
ବୋଧହୁଏ ଏତେଦିନ ଦେଖିଥିଲି
ଗୋଟେ ଅବିଶ୍ୱାସ୍ୟ ଲୋଭନୀୟ ଛାଇ;
କାହାର
ପ୍ରେମର, ନା ମୃତ୍ୟୁର।।

୪
ମୋ ଛାତିରେ
ଭଲ ପାଇବାର ଭୃଗୁ ପଦଚିହ୍ନ।
ମୋ ପିଠିରେ
ମଲା ମଣିଷର ମଲା-କଇଁ ବନ।।

୫
ସ୍ଥିର କର:

କାହାକୁ ନେବ ଆପଣାର
ସ୍ୱପ୍ନାଲୋକ ସିଂହାସନ ଧରି,
କାରଣ ମୁଁ ଜାଣେ ଏତିକି
ଯେ କବିତା ହୁଏନି ଗଢ଼ା
କୋଣାର୍କ ବା ତାଜମହଲ ପରି;

ଆମରି ହାତରେ,
ଏହା ଫୁଟେ ତା' ଇଚ୍ଛାରେ
ନାମହୀନ ତାଜା ଫୁଲ ଭଳି।।

ତା ୬-୬-୭୪

ଲୋଡ଼ା ନାଇଁ

ହେଲେ ହେଲି ମୁଁ ଅଶୌଚ ବିଶର ମହାଂତି
ପାଦରୁ ମୁଂଡ଼ ଯାଏ ସମୟର ନାମାବଳୀ ଯଦୃଚ୍ଛା ଝୁଲାଇ
ଶ୍ରୀହୀନ ହାତରେ ଖୋଜେ ପିତାଂକର ନାଭିପଦ୍ମ ଅବା
ପଦ୍ମମଣି ଯାହା ପୋଡ଼ୁ ପୋଡ଼ୁ ଦୈବାତ୍ ରକ୍ଷା ପାଇଗଲା
ଦୁଷ୍ଟ ଏକ ଯବନର ହାତୀ-ଘୋଡ଼ା ପରିବୃତ୍ତ ନିଆଁର ଜାଲରୁ।

ଆପାତତଃ ସତ୍ୟ ଭାବେ ଜଣାଯାଉଥିବା
ବିଶ୍ୱାସ ହିଁ ମୂଳଧନ ମୋର ଏବଂ ଏ
ଆପାତ ସତ୍ୟ ପରିଣତ ସତ୍ୟର ଛାଲରେ;
କେବଳ ଯେମିତି ଘନ ଧୂମ ପଟଳ ବି
ଆସନ୍ନ ବୃଷ୍ଟିର ଦିଏ କରୁଣ ସୂଚନା।

ଏତେ ବର୍ଷ ପରେ ମଧ୍ୟ ମୁଁ ଖୋଜୁଚି
ନାଭିପଦ୍ମ ଯଦିବା ତୁମକୁ ଘେରି ସୁଶିକ୍ଷିତ
ମାଳ ମାଳ ସ୍ୱତଂତ୍ର ପ୍ରହରୀ; ତା' ସତ୍ତ୍ୱେ
ଶୁଣୁଚି ନାଭିର ନିଃଶ୍ୱାସ ଘରେ ଘର ଲୋକ ଭର୍ତ୍ତିଥିବା ବେଳେ।।

ଖୋଜିବାର ଏକ ଭାବଗତ ଲୟ ଅଛି ଯାହା
ମଂତ୍ର ମୁଗ୍ଧ ଭାବେ ଟାଣି ନିଏ ଜାଗାରୁ ଜାଗାକୁ
ଶ୍ରୀକ୍ଷେତ୍ରରୁ *ଗୁପ୍ତକ୍ଷେତ୍ର, ଚିଲିକାରୁ ଅଂଶୁପା ପର୍ଯ୍ୟଂତ
ଓ ଯାହା ବେମାଲୁମ ଠାଣିରେ ଚାଲେ ବାଟ କାଟି

* ଗୁପ୍ତକ୍ଷେତ୍ର:- କେନ୍ଦ୍ରାପଡ଼ାସ୍ଥିତ ପ୍ରସିଦ୍ଧ ଦେବତା ଶ୍ରୀବଳଦେବଜୀଉଂକ ପୀଠକୁ "ଗୁପ୍ତକ୍ଷେତ୍ର" କୁହାଯାଏ। ଏହା ମଧ୍ୟ "ତୁଳସୀକ୍ଷେତ୍ର" ନାମରେ ବିଖ୍ୟାତ।

ଶୂନ୍ୟର ହାତରେ। ତୁମ ନାଭି ଠିକ୍ କି ବିଚିତ୍ର
ଭାବରେ ଗୋଲ ଯା'ର ମାଂସ ଯୁକ୍ତ ପରିଧିର ମାପ
କ'ଣ ମାପି ପାରେ ବିଜ୍ଞାନର ଶେଷ ଆବିଷ୍କାର।

ଖୋଜିବା ଲୋକର ସିନା ହାତ ଆଂଗୁଠି ବୁଢ଼ା ହୁଏ
ଓ ଆଖି ଭିତରର ପୁଅ ମରିଯାଏ
ନାଭିମୂଳ ମଣିର ଲୋଭରେ। ତେବେ ବି ବିଶର ମହାଂତି
ପିଂଧେ ତା' କୋଚଟ ନାମାବଳୀ ଏବଂ ଚମକୁ ଚିକ୍‌କଣ
କରେ ନୂଆ ସୋରିଷ ତେଲର ଘଡ଼ିରେ।।

ତା' ଅଂଟାର ଗାମୁଛା ଦିଶେ
ଗତ କାଲି କିଣା ହେବା ପରି,
ଏହାର କାରଣ କ'ଣ ଯଦି କେହି
ତାହାକୁ ପଚାରେ; ସେ କହିବ :
ମୁଁ ଖୋଜୁଚି ପଦ୍ମମଣି ନାଭିମୂଳ କେଂଦ୍ର କରି
ଲୋମ ପରିଧିରେ; ସେ କହିବ!

ତା' ବସଂତ ଫେରିଯାଏ
ଯେତେବେଳେ ମାଛର ଆଖିରେ ଲୁହ
ଏବଂ ଚଢ଼େଇଂକ ସ୍ୱରରେ
ହତାଶ ଭାବ ଭରି ଉଠେ;
ଓ ଚଂଦ୍ର ଯେବେ ପଦଚାରଣ କରେ
ସାରା ରାତି ହ୍ରଦ ଅଗଣାରେ।

ରତ୍ନ ସିଂହାସନ ପରେ ବିଜେ ଆଜି
ଦାରୁବ୍ରହ୍ମ ଅଂତଃର୍ହିତ ମଣିପଦ୍ମ ନାଭିକମଳରେ,
ଓ ବିଶର ମହାଂତି ଠିଆ ହଜାର ଲୋକଂକ
ପରି ହାତ ଯୋଡ଼ି ପାହାଚ ଉପରେ।।

ତା ୯-୭-୭୪

ପାରିହେବା

ନିଆଁକୁ ଡେଇଁଯିବା
ନଈକୁ ଡେଇଁଯିବା
ଅପେକ୍ଷା
ସମୟକୁ ଡେଇଁଯିବା
ଆହୁରି କଠିନ କାମ;

ନିଆଁ ଡେଇଁଗଲେ ହୁଏତ ତୁମେ
ପାଇ ପାର ଜଳର ସଂଧାନ,
ନଈ ପାରି ହେଲେ ହୁଏତ ତୁମେ
ପାଇପାର ମାଟିର ବଂଧନ;

କିଂତୁ ସମୟର ଉଜୁଡ଼ାକୂଳକୁ
ସମସ୍ତେ ହୁଅଂତି ପାରି ସହି ସହି
କପାଳ ଲିଖନ-; କେତେବେଳେ
ଆକାଶ ସ୍ୱଚ୍ଛ, କେତେବେଳେ
ଥମ୍ ଥମ୍ ମେଘର କଳାରେ।
କି ନିଷ୍ପତ୍ତି ଲେଖାଅଛି ଆମ
କପାଳରେ ସମୟକୁ ଡେଇଁବା ପୂର୍ବରୁ।

କିଏ କହିବ ସେଠାରେ କେହି ପୁଷ୍ପବୃଷ୍ଟି
କରେ ଅହୋରାତ୍ର କିଂବା ମୃତ୍ୟୁ ପଡ଼େ ଝରି
ବିଶୁଦ୍ଧ ବିଭୂତି ପରି ଲୋକଂକ କାଂଧରେ।।

ଦୁଃଖର ଦୀର୍ଘଶ୍ୱାସ
ହେଉଛି ସମୟର ଏକଲବ୍ୟ ଧ୍ୟାନ,
ସୁଖର ସ୍ୱର୍ଣ୍ଣ-ବଳୟ
ହେଉଛି ସମୟର ଇମନ୍-କଲ୍ୟାଣ ।

ତେଣୁ ଚଂଡ଼ିଦାସ କହେ
ରାମିର ଉଷୁମ କୋଳରେ ସମୟ ଶୁଏ
ତା'ର ସୁଖ-ଦୁଃଖ ଭୁଲି ଏବଂ ଭୁଲିଯାଏ
ଗୃହଦାହ ଓ ବୀଭତ୍ସ କଳଂକର ପରିତ୍ୟକ୍ତ ଶେଯ
କ୍ଳାଂତ ନଈ ପରି ତା' ଜୀବନ ହଜିଯିବା ଆହୁରି ସହଜ ।।

ତା ୧୬-୧୨-୬୪

ନାମକରଣ

ହେଲା ଏବେ ପିଲାଦିନୁଁ ଶୁଣିଅଛି
ଈଶ୍ୱର କରିଲେ ଇଚ୍ଛା ମଲାଗଛରେ
ଫୁଟିପାରେ ତାଜାଫୁଲ ଠିକ୍ ଦିନର ମଝିରେ
ଏବଂ ଓଦାବାଲିରେ ଖରା ଶୋଇପାରେ
ପ୍ରଥମ ପ୍ରସୂତି ପରି, ତାହାର ହାତ ଛୁଇଁପାରେ
ତାଳଗଛ; ତା ମୁହଁରେ କେତେ ହସ
ମିଳାଇ ବି ପାରେ ସ୍ତବ୍ଧ ମଧ୍ୟାହ୍ନର ଡାହୁକ ଡାକରେ ।

ଈଶ୍ୱର କରିଲେ ଚିଂତା ରାତି ହୁଏ ଅଭୟ ଅରଣ୍ୟ
ଓ ଏ ଘରର ସମର୍ଥ ଲୋକ ସବୁ ପରିଣତ ହେବେ
ମୁର୍ଦ୍ଦାରରେ । ମୁଁ ମଧ୍ୟ ମୁର୍ଦ୍ଦାର ହୋଇ ଜଗିଥିବି
ସେମାନଂକ ସଫା ଶରୀରକୁ । ଗୋଟେ ମୃତବ୍ୟକ୍ତି
କେଡ଼େ ସହଜରେ ପହରା ବି ଦେଇପାରେ
ମୃତ୍ୟୁର ନିଶାରେ ଚଢ଼େଇର ପେଟ ଭଳି
ଓଲଟିଥିବା ଲକ୍ଷାଧିକ ପରଳ ଛାତିରେ ।।

ଈଶ୍ୱର ବୁଲି ଆସିଥିଲେ –; ଦେହରେ
ଆକାଶ ରଂଗର ଜାମା ଓ ପାଦରେ
ଧୂଳିଧୌତ ଅସଂଭବ ବିରାଟ କଠଉ;
ମୁହଁରେ ନିଲାମ- ଡାକିଲାବାଲାର ଅର୍ଥହୀନ
ଶବ୍ଦର ନଈ । ସେ ଆସିଲେ ଏବଂ ମୋ ଘରେ
ପଡ଼ିଥିବା ମଲା ଗଛମାନଂକୁ ଚାହିଁ କେଉଁ କରୁଣାରେ
ହସିଲେ କେଜାଣି–; କୌଣସି ଗଛରେ ଫୁଲ ତ

ଫୁଟିଲା ନାଇଁ ବରଂ ସେ ସବୁ ହଜିଗଲେ
କେଉଁ ମ୍ୟାଜିକ୍ ଦିଆସିଲି ଖୋଳର ଭିତରେ ।।

ଆଜିଯାଏ କୁହାଯାଇ ନ ଥିବା
ସେଇ ନିର୍ମମ ସତ୍ୟକୁ ଚାପି ରଖି,
ଯାତ୍ରାରେ ନୂଆ ରାଜା-ପାର୍ଟ କରୁଥିବା
ଅଶିକ୍ଷିତ ଭେଂଡାର ଗୌଣ-ସାଧୁବାକ୍ୟ
ଉଚ୍ଚାରଣ ରୀତିରେ ସେ କହିଲେ-
ଏଇ ଚାହଁ, ଚୈତ୍ର ସକାଳରେ
ଘନିଷ୍ଠ ଅତିଥି ପରି ଶୀତ ଫେରିଆସେ
ଶୀତଳତାର ପତଳା ଚାଦର ପିଂଧି-;
ତା'ର ତୃଷ୍ଣାର ଚତୁର ଆଖି
କ'ଣ ଖୋଜେ ? କେଉଁ ଲୋଭର ଶୋଷ
ତା' ଦେହକୁ ଏବେ ବି ରଖିଛି ଜୀବଂତ ?

ତୁମେ ଆର୍ଦ୍ରତା ଖୋଜିବା ପାଇଁ
ଦୌଡ଼ ନା କୌଣସି ସମୁଦ୍ର ମଝିକୁ
ଯେହେତ ଖଂଡିଏ ଓଦାକନା ଶୋଷି
ନେଇ ପାରେ ଅକ୍ଳେଶରେ
ଶରୀରର ବିଶେଷ ଉତ୍ତାପ ।।

ଅନେକ ପୀତ ରଂର ପତ୍ର
ଜଣାଯାଂତି ମନକୁ କଅଁଳ
ଆକାଶରେ ମେଘ ଭର୍ତ୍ତି ହେଲେ-,
ଏ ବୋଧେ ମନର ଭ୍ରମ ଯା'ର
ପ୍ରଭାବରେ ଖରା ଚାଲେ ପାଣି ପରି
ହିଡ଼ ଓ କିଆରୀ ଭେଦି ନିଃଶବ୍ଦ ଶବ୍ଦରେ ।

ଶବ୍ଦ କିଂତୁ ମାୟା ଛଡ଼ା ଆଉ
କିଛି ନୁହେଁ-; ଯା'ର ଗୋଲ ଫୋଟକାରେ
ଈଶ୍ୱରଂକ ମୁହଁ ଦିଶେ ବୁଢ଼ା ଯାଦୁକରଂକ
ପ୍ରଶଂସାଭାଜନ ମୁହଁ ପରି ନିୟଂତ୍ରିତ ଆଲୁଅରେ
ଭେଳିକିରେ ପହଁରି ପହଁରି
ମୁହଁ ଚୋରା ହତଭାଗ୍ୟ ଦର୍ଶକମାନଂକୁ ।।

ଆଉ ନୁହେଁ-;
ଆଉ ସହ୍ୟ କରିବାରେ ଲାଭ ନାଇଁ
କୌଣସି କସ୍ତୁରୀ ଆଲିଂଗନ - ଧନ୍ୟ କେଉଁ
ମହାର୍ଘ୍ୟ ବଂଦନର ଅବା କ୍ଷୀରୋଦ୍ରା ପାଟ-ଯୋଡ଼ର
ଅତର୍କିତ ଆବିର୍ଭାବ ଉତ୍ସବ ପାଇଁ-;
କାହାର ବା ମୂର୍ଚ୍ଛା ପ୍ରାୟ ଅବସ୍ଥା ଆସିବ
ଆଉ ସେ ଯଦି ଶୁଣେ ଏକା ଗଂଡୁସରେ
ଶୋଷିନେଲା ସମୁଦ୍ର ପରାଏ-, କାରଣ
ଆମର ପାପୁଲି ଜଳେ ଅନ୍ୟର ରକ୍ତ ଲାଳସାରେ
ଓ ଆମ ଶରୀର ଖେଳେ ଓଲଟା ହଂସର
ଭ୍ରମାତ୍ମକ ଭାଗ୍ୟ ଭଳି କେଉଁଦିନ ପାଇବାକୁ ସାକ୍ଷାତ-ଖବର ।

ଏ ଆମର ବିଡ଼ଂବନା ଯେ ବାଲ୍ୟକାଳେ
ଗାଇଥିବା ପ୍ରାର୍ଥନାର ଶେଷ ନାଇଁ ଏ ବୁଢ଼ା
ବୟସ ଯାଏଁ କିଛି ପାଇବା ପାଇଁ ନୁହେଁ
କେବଳ ପାଇବା ନିଶାରେ । ଆମର
ଏ ମଳା ଓ ପୁରୁଣା ଗଛ ଠିଆହୁଏ
ଅଧୀନସ୍ଥ ପ୍ରଜା ପରି ଫୁଲର ଗର୍ବରେ
ଭାଂଗି ପଡୁଥିବା ସେଇ ସ୍ୱପ୍ନାବିଷ୍ଟ
ଗଛର ଛାଇରେ ।
ମହାରାଜାଂକ ଫେରିବା ବେଳେ

ତାଂକ ଶରୀର ଦିଶୁଥିଲା ମାଲ ଖଲାସ ପରେ
ଏକ ଦଦରା ଜାହାଜର ଅଭ୍ୟଂତର ଭଳି,
କିଂତୁ ତାଂକ ମହିମାମୟ ପଦକ୍ଷେପରେ ସେ
ନିଜେ ବିଭୋର ଏବଂ ସେ ଅତି ଖୋଲା
ମନରେ କହିଲେ; ଏଣିକି ପ୍ରାର୍ଥନାର
ଅଂତସ୍ୱର ଓ ଅକ୍ଷର ସବୁ ଅବିଳଂବେ
ଓଲଟ ପାଲଟ କର; ତା'ପରେ ଦେଖିବ
ମୁଁ ମଧ୍ୟ ମରି ପଡ଼ିଅଛି ଅନ୍ୟାନ୍ୟ ମୁର୍ଦ୍ଦାର
ମେଳରେ ବାସି-ମେଘ ପାଣିର ଲୋଭରେ ।।

ତା ୨୨-୩-୭୪

ଆକାଶର ନୂତନ ଓ୍ୟାରିଜା

"ଆକାଶ ଦିଶେ କି ସୁଂଦର।
ତାହାକୁ ରଚିଲେ ଈଶ୍ୱର।।" - ବର୍ଣ୍ଣବୋଧ।

ଯେତେ ବଡ଼ ଯୋଦ୍ଧା ଅବା ଦିଗ୍‌ବିଜୟୀ ଲୋକ
ହେଉ ସିଏ-; କିଏ ନ ଚାହିଁଛି କହ ଆକାଶକୁ
ତା' ଶେଷ ନିଦ ଆରଂଭ ପୂର୍ବରୁ। ଆକାଶରେ
ଦେଖ କେତେ ଲେଖାଅଛି ଯୁଦ୍ଧର କାହାଣୀ ଏବଂ
ଅବଲୁପ୍ତ ନଗରର ସମୃଦ୍ଧ ଅତୀତ ଯାହା ଆସେ
ପ୍ରେମ ହୋଇ ସମୟ ମନରେ ଓ ସେଇ ନୀଳାଭ ମନରେ
ପ୍ରେମ ଆଉ ପ୍ରେମ ଖାଲି କି ଆନଂଦେ ନାଚେ ଖେଳି ବୁଲି।।

କେତେ ଶକୁନ୍ତଳାଂକ ଅସତର୍କ ପ୍ରେମର ମୁହୂର୍ତ୍ତ
କରେ ଆକାଶକୁ ନୂତନ ଉଜ୍ଜ୍ୱଳ ଓ ମେଘର
ଲହରମାନେ ହଟିଯାଂତି ପଛକୁ ପଛକୁ ପରାଜିତ
ସୈନ୍ୟ ଦଳ ପରି। କେତେ ଦୁର୍ଯ୍ୟୋଧନ ଆଉ ଜରାସଂଧଂକ
ଆକଂଠ ଇଚ୍ଛା ଧୂଆଁ ହୋଇ ମିଶିଗଲେ ଓ ଆହୁରି ଆଶ୍ଚର୍ଯ୍ୟ
ଯେଉଁ ପୁରୁଷ ଯା'କୁ ନିଜର କୁହୁକ ବୋଲି କରିଲେ ସ୍ୱୀକାର,
ଆହୁରି ଆଶ୍ଚର୍ଯ୍ୟ ତାଂକ ଲୀଳା-ଖେଳା ସବୁ ଗଲ ଚାଲି
ଶୂନ୍ୟ କୋଳର ଶେଯକୁ। କେତେ ପ୍ରେମ, କେତେ ବିରହର ଦାବାନଳ
କେତେ ମାନ, କେତେ ଅଭିମାନ, ଅନୁରାଗ, ବିରାଗ-ବୈରାଗ୍ୟ,
ସେନା, ସେନାପତି, ରଥ, ଅଶ୍ୱ, ଗଜ ଆଉ ରଣ ଆୟୋଜନ
ପାଇଁ କେତେ ଶଂଖଧ୍ୱନି-; ଶର ଆଉ ଶରଶଯ୍ୟା

ନେଇଗଲା ଟାଣି ସର୍ତ୍ତହୀନ ଅଂତରୀକ୍ଷ ଓ ସେ
ସେମିତି ଶୋଇଅଛି ଗୋଟିଏ କଡ଼ରେ ।।

କି ଅଦ୍‌ଭୂତ ଉଦାରତା ତା' ଦେହର
ଆଦିମ ରଂଗରେ ଯା'ର ସାମାନ୍ୟ ପ୍ରତିବିଂବ
ମଧ୍ୟ ଆମର ପ୍ରେମକୁ କରେ କ୍ରମଶଃ କନିଷ୍ଠ,
ତେଣୁ କାହା ଭଲ ପାଇବାରେ ଯଦି କେବେ
କ୍ଲାଂତି ଆସେ-; ଆସେ ରୁଗ୍‌ଣ ଯଂତ୍ରଣାର
ବିଯୁକ୍ତ ବିଷାଦ-; ବୋଧଶକ୍ତି ଲୋପ ପାଇଗଲେ
କିଏ ଯଦି ମାଗଇ ଭିକ୍ଷା ତୋ ନୀଳର
ବ୍ରହ୍ମାଂଡକୁ ଦୁଃଖରେ ପଥହରା ଉପଗୁପ୍ତ ପରି
କିଂବା ଅବଧୂତ ମନ ନେଇ ଦଳରୁ ବିଚ୍ଛିନ୍ନ
କେଉଁ ରୂପା-ରଂଗ ସରଳ ପକ୍ଷୀଟିଏ
ବହୁ ଭରସାରେ ଯଦି ତୋତେ ସେ ପଚାରେ :

'କାହାଂତି ମୋ ଈଶ୍ୱର-, କେଉଁଠାରେ ଲୁଚାଇଛ
ମାଆକୁ ମୋହର ଓ ସେଇ ଲୋଭନୀୟ ନୀଳ ପାହାଡ଼ର
ପଛପଟେ ଶୋଇଅଛି କେଉଁ ମାୟାର ନଗର-;
ତମେ କି ଉତ୍ତର ଦେବ
ହେ ଆକାଶ, ଆମକୁ ଏଥର ।

କାହିଁ ତ ମୁଁ କେବେ ଦେଖିନାଇଁ
କୌଣସି ନକ୍ଷତ୍ର ଆଖିରୁ କିଛି ଲୁହ ଖସିବାର
ଆପାତତଃ ମୋ ଦୁଃଖର ସୌଜନ୍ୟ ଦୃଷ୍ଟିରୁ;
କାହିଁ ତ ମୁଁ କେବେ ଶୁଣି ନାଇଁ
କୌଣସି ଛାୟାପଥ ଧବଳ କଂଠରୁ
କିଛି ଶବ୍‌ଦର ନୁପୂର ଗଠନ
ମୋର କାତରତା ପାଇଁ ଯାହା ଟିକେ ସଂବେଦନା ।।

ତା' ହେଲେ ତୁମକୁ ସୁଂଦର କହି
ତୁମ ମହନୀୟ କ୍ଷୁଦ୍ରତାରେ ଯେଉଁ କବି
ଆପଣାକୁ କରିଲେ ଅର୍ପଣ ଥୋକେ
ଚୂନା-ଫୁଲ ଭଳି; ଆଶାରେ ଆରକ୍ତ
ଆୟତ ବଦନ ତାଂକ ନିତି ଫେରେ ସଂଜ
ଏବଂ ସକାଳର ପ୍ରଥମ ଦୁଃସାହସୀ ତାରାର
ଦୀର୍ଘ ଆଲୁଅରେ। ଯଦିଚ ତାଂକର ଚଷମା
ପିନ୍ଧି ଇଂଦ୍ରଧନୁ ମନକୁ ଚାହିଁଲେ ତାହା ଆଉ
ସେପରି ହୋଇ ନ ପାରେ ବି ପ୍ରତିଭାତ
କଂଦର୍ପର ଧନୁସମ ବିବାଗୀର ନିର୍ଜନ ହ୍ରଦରେ।

ତଥାପି ଶବର ମୁହଁ ରଖାଯାଏ ଊର୍ଦ୍ଧ୍ୱଗତି
ଦେହର ଅନ୍ୟାନ୍ୟ ଅଂଶ ବଂଧା ହେବା ସତ୍ତ୍ୱେ,
ମଣିଷର ଶେଷ ନିଆଁର ନିଃଶ୍ୱାସ ଆଶ୍ରୟ ନିଏ
ନଈ ପରି ସେ ବାଷ୍ପବାରିଧିର ସାମାନ୍ୟ କୋଣରେ।

ତା ୧୪-୪-୭୪

ସୁଦୂର ଅତୀତ

- ଏକ -

ଅକସ୍ମାତ ପରିଚିତ ଜହ୍ନ ଆଲୁଅରେ
ମୋ ଗୋଡ଼ ଖସିଲା ପରେ
ନୋଳିଆକୁ ପଚାରିଲି : ସମୁଦ୍ରକୁ
ଏତେ କିଆଁ ଦିଶୁଛି କରୁଣ,
କି ଆଶ୍ଚର୍ଯ୍ୟ ତୁମର ଢଂଗାରେ
ଏବେ ଏ ସମୁଦ୍ର ଭାଗ ଭାଗ ହୁଏ;
ଜହ୍ନରୁ ଓହ୍ଲାଏ ରାତି
ସହସ୍ର ବୁଢ଼ିଆଣୀ ଗୋଡ଼ ପରି ଓ ନୀଳର
ପ୍ରତ୍ୟେକ ଆଖିରେ ତା'ର ନିଃଶବ୍ଦ ଆକ୍ରମଣ।

କେଉଁ ଜହ୍ନରେ ମୁଁ ଏକ
ନୋଳିଆ ଥିଲି ଏବଂ ମୋର ଦେହଯାକ
ସ୍ୱର୍ଗର ପାଉଁଶ ଡିଆଁମାରେ ମୃଗଶିଶୁ
ସମ, ନଚେତ୍ ଏ ଦେହ ଅଟେ ନିଶୁଣୀ ଏକ
ସ୍ୱର୍ଗଦ୍ୱାର ପାଇଁ।।

ଜହ୍ନରେ ଖସଂତି ନାଇଁ ପ୍ରେତ କେବେ,
ଶିଶୁ କୋଳେ ଜହ୍ନ କେବେ ଖସିନି ଏ ଯାଏ
ତଥାପି ସ୍ୱର୍ଗର ତୋରଣ ସବୁ ଭାଂଗିଯାଂତି
ପଟାଭଳି ବିଶେଷତଃ ଏ ଜହ୍ନ ରାତିରେ।

ରାମ ଗଲେ ବନସ୍ତକୁ
କୃଷ୍ଣ ଗଲେ ମଥୁରାଭୁବନ
ଏବଂ ଏ ନୋଳିଆ ଗଲା
ସମୁଦ୍ର ମଂଥନ ପାଇଁ
ସମସ୍ତଂକ କାଖରେ ଥିଲା
ଅସ୍ତ୍ର ଏକ ବିଭିନ୍ନ ପ୍ରକାର ।।

ନୋଳିଆର ଧଳାଟୋପି ଯାହା ମୋର
ବହୁ ଭ୍ରୂଣ ହତ୍ୟା ପରେ କେଉଁ ଏକ
ବିଶେଷ ସ୍ମୃତିର ସାମାନ୍ୟ ଅଂଶ ପରି
ଏତେବଡ଼ ଅତୀତର ସମୁଦ୍ରରେ ବିଂଦୁଭଳି
ଜଣା ପଡୁଥିଲା । ନୋଳିଆ ନ ଥିଲେ
ତେବେ ସ୍ମୃତି ମୋର ହଜି ଯାଇଥାଂତା ।

- ଦୁଇ -

ତମ ନିକଟରେ
ମୋର ଯେତେ ଆଂତରିକ
ଆତ୍ମ ସମର୍ପଣ ଓ ନିବେଦନ
ସବୁ ଫେରିଆସିଛି ନାରୀର
ଲୋଭନୀୟ ଅହଂକାର ଏବଂ ଈର୍ଷାରେ
ଏହାର କଂକାଳ ଆଜି ଖାଲି ହସୁଛି ।।

ମୋ ପାଖରେ
ତୁମର ଯେତେ ଛଳନା,
ଘୃଣା ଓ ଅସଂଭବ ଦାଂଭିକତା
ସବୁ ପାଇଛି ଏକ ପୁରୁଷର

କାଂତିମୟ ସ୍ପର୍ଶ ଏବଂ ମୋର ଛାଇରେ
ତୁମେ ଆଜି ଏକ ବିଶ୍ୱମୋହିନୀ ନାରୀ,
ଯଦିଚ ମୋ ପାଇଁ ନୁହେଁ
ଅନ୍ୟ, ଅନ୍ୟ କେଉଁ ଅତି ସାଧାରଣ
ତଥାକଥିତ ପୁରୁଷ ପାଇଁ।।

ସ୍ନେହ ଓ ପ୍ରେମର
ଅପମୃତ୍ୟୁର ଗର୍ଭରେ
ଲୁଚିରହେ ପ୍ରତିଶୋଧର ରୁଦ୍ର ଓ ଭ୍ରୂଣ
ଏବଂ ଘୃଣାମୟ ଚକ୍ଷୁରେ ସେ
ଧ୍ୱଂସ କରେ ଆଂତରିକତାର କବଂଧ-କବର।।

ମୁଁ ଯଦିଓ
ଏକ ଅନାସକ୍ତ
ପରାସ୍ତ ପ୍ରେମିକ,
କିଂତୁ ରଣାଂଗନର
ରକ୍ତ ସ୍ୱାଦରେ ମୁଁ
ଅଂଧ କରିଦେବି
ତୁମର ସେଇ ବିଶ୍ୱାସହୀନ
ବେଶ୍ୟାର ଆଖିକୁ ଓ ତୁମର
ନିଷ୍ପେଷିତ ବକ୍ଷକୁ ବିଦୀର୍ଣ୍ଣ କରି
ବିତରଣ କରିଦେବି
ରାସ୍ତାର ବୁଲା କୁକୁର ଓ
କୁତ୍ସିତ ଶାଗୁଣା ପଲ ମୁହଁରେ।।

ତା ୧୧-୯-୭୩

ଏକ ଅଲୌକିକ ଇଚ୍ଛାର ବୃତ୍ତ

ଜୀବିତ ବା ମୃତ
ବା ଜନ୍ମ ନେବାକୁ ଅପେକ୍ଷା
କରିଥିବା କୌଣସି ଜ୍ୟୋତିଷ୍ମାନ୍ ଗ୍ରହକୁ ପଚାର :
ଅବନତ ମସ୍ତକରେ ସେ କହିବ :
ମୋର ପ୍ରେମ ତା'ଠାରୁ ଆହୁରି ଉଜ୍ଜ୍ୱଳ ।

ମାନସ ସରୋବରର ପ୍ରଶାଂତ ନୀଳବକ୍ଷରେ
କୌଣସି ଦୁର୍ଲଭ ଅମୃତମୟ ରକ୍ତକମଳକୁ ପଚାର :
ପ୍ରସ୍ଫୁଟିତ ଓଷ୍ଠରେ ସେ କହିବ :
ମୋର ପ୍ରେମର ରକ୍ତ ତା'ଠାରୁ ଆହୁରି ଗଭୀର ।।

କାଂଚନ ଜଂଘାର ଶୁଭ୍ର ତୁଷାର ଛାତିରେ
ଦେବତା ମାନଂକ ପ୍ରଲଂବିତ ଛାୟାକୁ ପଚାର :
ନିର୍ଲିପ୍ତ କଂଠର ଇଂଗିତରେ ସେ କହିବ :
ମୋର ପ୍ରେମ ତା'ଠାରୁ ଆହୁରି ପବିତ୍ର ।

କନ୍ୟାକୁମାରୀର ଶେଷ ଶିଳାକୁ ପଚାର :
ମହାସାଗରକୁ ଛୁଇଁ ସେ କହିବ :
ମୋର ପ୍ରେମ ଅପରୂପ ଅଥଚ ବିଚିତ୍ର ।।

ଯଦି ତୁମେ ଏତେ ଦୂରଦୂରାଂତରକୁ ଯିବା ପାଇଁ
ନାରାଜ; ତେବେ ଘର ଆଗରେ ଥିବା ଆଂବଗଛର

ନୂଆ ପତ୍ର ବା ନୂଆ ବଉଳକୁ ପଚାର :
ଦକ୍ଷିଣ ଆକାଶ ଛୁଇଁ ଆସୁଥିବା ନିର୍ଦ୍ଦିଷ୍ଟ ପବନର
ଆସକ୍ତ ଚୁଂବନର ବିଭୋର ଲଗ୍ନରେ ଝୁଲି ଝୁଲି ସେ କହିବ :
ମୋର ପ୍ରେମ ତା'ଠାରୁ ଆହୁରି ନିବିଡ଼।

ତୁମ ପାଦତଳ
ଅବଗୁଂଠିତା ମାଟିକୁ ପଚାର :
ମାଟିପରି ଉତ୍‌କଂଠିତ ଭିତର ମନକୁ ପଚାର :
ଦେହର ସୀମିତ ସଂବଳର ଅହଂକାର ଭେଦ କରି ସେ କହିବ :
ମୋର ପ୍ରେମ ତୁମ ନାରୀତ୍ୱଠାରୁ
ଆହୁରି ମହିମାନ୍ୱିତ, ଆହୁରି ପ୍ରଗାଢ଼।।

ଏ ଯାହା କହିଲି :
ତାହା ନୁହେଁ ଜଣକର ବ୍ୟକ୍ତିଗତ
ପ୍ରେମର ଶବ-ଶୋଭଯାତ୍ରା,
ତାହା ନୁହେଁ ଜୟ ଜୟକାର
କେଉଁ ପୁରୁଷର ଅସମାପ୍ତ ଇଛା;

ଏଠି ଯଦି ଅର୍ଥ ଆଉ କ୍ଷମତାର
ଲକ୍‌ର ବଳରେ, ଶୋଷିନିଏ ନାରୀର ରକ୍ତକୁ
ଅସୁର ମାୟାରେ ଗଢ଼ି ରତାରାତି ସୁଦୃଶ୍ୟ
ଅଶୋକ ବନ; ତେବେ ଏପରି
କି ପାପ ମୁଁ କରି ଜନ୍ମ ନେଲି ଯେ ମୋ
ସ୍ନାୟୁର ଦୀର୍ଘଶ୍ୱାସ ଯା' ପ୍ରେମର ଜଠରାଗ୍ନିରୁ
ଆସିଛି ଉତୁରି ପୃଥିବୀକୁ ଶାଂତ-ସମାହିତ କରି-;
ଅଥଚ କି ହଟଗୋଳ-;
ତ୍ରିମଂଡଳ ହୁଏ ପ୍ରକଂପିତ ସତେ ବା
ଏକ ଆଗ୍ନେୟଗିରି ଏତେଦିନେ ଆସୁଛି

ବିଦାରି ଲୋକଙ୍କ ନିର୍ମୋକ ନିଦକୁ ଏବଂ
ଝାଉଁଳି ପଡ଼ଂତି ଅକାଳରେ ଏ ଦେଶର ସବୁ ଫୁଲଗଛ ।।

କି ଯଂତ୍ରଣା ବୁଲେ ଦୁଃଖୀ ରାଜହଂସ ପରି
ଗୋଟିଏ ମନର ପ୍ରେମରେ ଯାହାର ବିକ୍ଷତ ହାତ
ଝୁରୁଥାଏ ପ୍ରଲୁବ୍‌ଧ ଅଂଧାରେ ପାଇବାକୁ
ଅନ୍ୟ ଅମଳିନ ହାତର ମୁକ୍ତ ପ୍ରତ୍ୟୟକୁ ।

'ପୃଥିବୀରେ କିଛି ନୁହଁ ସ୍ଥିର' -, ଏଇ ଆଶ୍ୱାସନାର
ନିମ୍ନସ୍ରୋତରେ ଯେତେଥର ମୁଁ ରକ୍ଷା କରିଛି
ମୋର ଆଶାପ୍ରଦ ଗୋଡ଼ର ଦଶଟି ଆଂଗୁଠି
ଯା' ଚଳାଇନେବ ନେବ ମୋତେ ଏବଂ ମୋ' ପରି
ଅନେକ ହତଭାଗ୍ୟ ପୁରୁଷମାନଙ୍କୁ-; କିଂତୁ
ଏ କ'ଣ ? ସେଠାରେ କାହାର ରକ୍ତ
ଠିଆହୁଏ ପଥ ଅବରୋଧ କରି ।।

ତା ୨୦-୧୨-୭୪

କାୟା-ପ୍ରବେଶ

‘ତୁ ତୋତେ ନିଜେ ରକ୍ଷା କର।
ମୁଁ ଛାର ମନୁଷ୍ୟ ମାତର।।’ - ଭାଗବତ।

ଅନ୍ୟ ଲୋକଂକ କଥା ଦୂରେ ଥାଉ
ନିଜେ ତ ଧରିଲା ତାଂକୁ ମସ୍ତକ ଉପରେ
ତଥାପି ରହସ୍ୟ ଦେଖ ସେ ଡରୁଛି ସାମାନ୍ୟ
ନଈକୁ-; ସେ ଡରୁଛି ପିଲା ଭଳି ପାଣି ଗର୍ଜନକୁ।

ସେ କେଉଁ ଜଳାତଂକ ମନର ଭୟ ଯିଏ ହତାଦର
କରେ ଭୟଶୂନ୍ୟ, ନିରାପଦ ଭାଗ୍ୟକୁ ନିଜର;
ବସୁଦେବ; ଏ ତୁମର ବଦାନ୍ୟତା ଭିନ୍ନ ସମୟର
ଏ ତୁମର ରିକ୍ତ ଇତିହାସ ଓ ଯେଉଁ ଅଂଧକାର
କାରା-କକ୍ଷ ଛାଡ଼ିଗଲ ପୁତ୍ରର ଐଶ୍ୱର୍ଯ୍ୟ ନେଇ
ପ୍ରତିଶୋଧ-ପରିପୂର୍ଣ୍ଣ ବିସ୍ଫାରିତ ନିର୍ମଳ ଆଖିରେ;
ତେଣୁ ତମେ ମୃତ୍ୟୁକୁ ଉଠାଇନେଲ ଆପଣା ଶରୀରେ
ଅଥଚ ଅଥର୍ବ ଶୀଥିଳ ବାହୁ ଥରିଲାନି ଏପରିକି
ତୁମ ଅଲକ୍ଷ୍ୟରେ ଓ ଭୟ କାହିଁ ଛୁଇଁଲାନି ଆଂଗୁଳି ଟିପକୁ।।

ତୁମେ ସେଇ ଲୋକ, ତମେ ସେଇ ଧ୍ୟାନମଗ୍ନ ବିତ୍ରସ୍ତ ଜନକ
ପୁତ୍ରର ଗାଂଭୀର୍ଯ୍ୟ ନେଇ ମୁହାଁମୁହିଁ ଠିଆ ହେଲ
ମଥୁରାର ରାଜସିକ ଅଂଧାରରେ ଉଗ୍ରସେନ ନଜରକୁ
ଭ୍ରୂକ୍ଷେପ ନ କରି ଏବଂ ତୁମେ ଭଲଭାବେ ଜାଣ

ଯେ ଉଗ୍ରସେନ ଦିନରେ ପାଳଇ ପ୍ରଜା, ରାତିରେ ପ୍ରହରୀ
ସେ ମଧ୍ୟ ପୁତ୍ରର ଦାସ, ସେ ମଧ୍ୟ ଓଲିଏ ଭିକାରୀ।

ସମୁଦ୍ର ପହଁରି ଯିବା ତା' ପକ୍ଷରେ ଆହୁରି
ସହଜ କାମ ଯେ ସହିଛି କଂସ-କାରାବାସ,
ଯେଉଁଠି ଆକାଶ ନାଇଁ ଏଭଳି କି ନିଦରେ
ବି ନୁହଁ-; ଯେଉଁଠି ଦୀର୍ଘଶ୍ୱାସ ମୃତ୍ୟୁରେ ବିଲୀନ
ଓ ବୁଲି ବୁଲି ଫେରିଯାଏ ସାପ ପରି ଛାତି ଭିତରକୁ;
ମୃତ୍ୟୁ ବି ଉଦାସ ଦିଶେ କ୍ଳାଂତ, ଅବସନ୍ନ;
କ୍ଷେତେ ପ୍ରତାପୀ ଲୋକ ମଧ୍ୟ ଦିଶଇ ମଳିନ
ନୂଆ ଲଂଠନ କାଚରେ ମଧ୍ୟ କଳାପଡ଼େ
ସାବଧାନ ହେବା ପରେ-; ଏ ସବୁ
ଗତାନୁଗତିକ କଥା ଆମ ପରି ସାଧାରଣ
ଜୀବନରେ। କିଂତୁ ତୁମେ ସେଇ ଲୋକ
ଯା'ର ମସ୍ତକ ଉପରେ ଶୋଭାପାଏ ଇଂଦ୍ରଂକର
ତଂବା ପାତ୍ର, ସପ୍ତଫେଣୀର ଶୀତଳ ଛାୟା;
ବିଦ୍ୟୁତ ଦେଖାଏ ପଥ, ଯୋଗନିଦ୍ରାରେ ଦୁର୍ଦ୍ଦାଂତ
ଅସୁର ବି ଚୈତନ୍ୟରହିତ, ନିଃଶବ୍ଦ ମେଘର ରାତି
ଓ ନକ୍ଷତ୍ରର ସୀମିତ ଆଲୋକ ମଧ୍ୟ
ମେଘଲୋକେ ଅଂତଃହିତ-; ପର୍ବତରେ ପଡ଼େ ନାଇଁ
ପ୍ରତିବେଶୀ ଅରଣ୍ୟର ଭୟାନକ ଉନ୍ମାଦ ବିଳାସୀ
ରୂପର ଅପଘାତ ଛାୟା; ସବୁ ସ୍ତବ୍ଧ ଯିଏ କଳା
ସେ ତୁମର ମନର ରକ୍ତ, ସେ ତୁମର ବିଗତ ବହୁଜୀବନର
ତପସ୍ୟାର ଧନ; ସେ ତୁମର ଏ ଜନ୍ମର ପୁତ୍ର
ବସିଅଛି କିଛି ନ ଜାଣିବା ପରି ଅନାଥ ଶିଶୁ
ସମ ରାଜଦଂଡ଼ ଭୋଗିଥିବା ସୁଷ୍ଟିର ଆସାମୀ ପିଢ଼ାର
କପାଳ ଉପରେ। ଏହା ହିଁ ମଣିଷର ଭାଗ୍ୟ।।

କେତେ ବା ସମୟ ଆଉ ଲାଗିଥିବ ଚିହ୍ନାପଥ

ଡେଇଁଯିବା ପାଇଁ ଚୈତନ୍ୟର ଦିବ୍ୟ ଆଲୋକରେ;
ସମୟର ଶୂନ୍ୟବାଣୀ ସତ୍ତ୍ୱେ ତୁମର ପିତୃତ୍ୱ ହେଲା ମୋହଗ୍ରସ୍ତ
ପୃଥକ କେଉଁ ଶୂନ୍ୟର ଡାକରେ ଓ ନଈର ଛାତିରେ
ଦେଖି ମେଘର ତାଂଡ଼ବ ରୂପ ନିଜେ ପୁଣି ଫେରିଗଲ
ପୁତ୍ର ଜନ୍ମ ଆଗର ମନକୁ।

ଆମେ ଭଲ ଭାବେ ଜାଣୁ ସେ ନଈ ତ
ନୂଆ ନୁହଁ ଓ ତାହାର ପାଣି ଆଉ କୂଳର
ଅତଡ଼ା-; ସବୁ ତୁମ ଦେହସୁହା କଥା,
ତଥାପି କେଉଁ ମନର ମୋହ ବାଧା ଦେଲା
ପାଣିକୁ ଛୁଇଁବା ପାଇଁ କିଂବା ସେ ରାତିରେ
ତୁମେ ପଢୁଥିଲ ନୀଳଜଳର ନୂତନ ଭୂଗୋଳ।।

ଏ ଯଦି ତୁମର ଦଶା ଯା'ର
ଅହଂକାର ଭାସିଗଲା ନିରାଶ୍ରୟ
କୁଟାଖିଅ ପରି ମାଣିକକୁ ଧରିବାଂଧି
ଆପଣାର ସ୍ନେହର ଦୁର୍ଗରେ;
ସେ ଚାହିଁଲା ସମର୍ପଣ ପିତୃତ୍ୱର
ସୁବର୍ଣ୍ଣ ଅକ୍ଷର; ସେ ଚାହିଁଲା
ଅହଂକାର ବଂଦୀ ହେଉ ମୁମୂର୍ଷୁର
ଦୃଷ୍ଟି ପରି କଂସର ସୁରକ୍ଷିତ ଘରେ।
ତେଣୁ ତା' ଇଚ୍ଛାରେ ସେ ଡେଇଁଲା
ପାଣିକୁ ନ ଛୁଇଁ ଓ ସକାଳରେ
ଶୁଣାଯାଏ ବଇଁଶୀର ଶେଷ ଅଭିସାର,
ସକାଳରେ ଦସ୍ୟୁଦଳ ସମ ମେଘ ଲୁଚିଲେ
କେଉଁଠି ସତର୍କରେ ପୋଛିଦେଇ ସେମାନଂକ
ପାଦଚିହ୍ନ ଓ ଆକାଶ ସୁନା ପିଲା ପରି
ଚାହିଁଅଛି ସତେ ଯେମିତି ସେ ଜାଣେନି
ଗତକାଲି ରାତିରେ ବା କଅଣ ଘଟିଛି।।

ଘଂଟା ଘଂଟା ନାଚର ଉନ୍ମାଦନା ପରେ
କ୍ଳାଂତ ମୟୂରଦଳ ଭଳି ନଈ ଡାକୁଛି
ସୋହାଗରେ ଆସ ତୀରବାସୀ, ଆସ ବସୁଦେବ,
ଆସ ଦେବକୀ, ଯଶୋଦା, ଆସ ପଶୁପକ୍ଷୀ;
ରାତିର ଦୁଃସ୍ୱପ୍ନ ଯେତେ ଧୋଇ ନିଅ
ରାତି-ଲୁଗା ଧୋଇଦେବା ପରି ଓ
ଆକାଶ କିପରି ଦେଖି ମୋ ଛାତିକୁ ଧରିଛି ଜାବୋଡ଼ି,
ମୁଁ କରିଛି କ୍ଷମା ତାକୁ
ଭୁଲିଛି ତା' ହାତର ବର୍ବର ଯନ୍ତ୍ରଣା;

କାଲି ସଂଧ୍ୟା ପୂର୍ବେ ଯାହାଥିଲା ଏଠି
ଏକ ଥୁଂଟା ଗଛ ସେ ଆଜି ଅବନତ
କଦଂବ ଭାରରେ, ସମର୍ପଣ ନିଶାରେ ବିଭୋର
ଫୁଲଂକର ଛୋଟ ଦେହ, ଏ ବେଳେ
ଶୁଅନା କେହି ରଘୁ ଅରକ୍ଷିତ;
ସଜାଗ ଆଖିରେ ଛାଟି ଧୂଳିମାଡ଼
ସେ ଯାଇଛି ଖସି ଫାଂକା କରି
ଲୁହାର ଯାଉଁଳି କବାଟ; ସେ ଯାଇଛି
ଲୁଗା ଫିଂଗି ବର୍ଷାର ହାତରେ;
ସେ ଯାଇଛି ଥରି ଥରି
ଅଭିଭାବକହୀନ ଛାତ୍ର ପରି ସ୍କୁଲଘର ଛାଡ଼ି;
ନିଶ୍ଚୟ ଆସିବ ଫେରି ମହୋତ୍ସବ ଦିନ
ଆମେ ଯେବେ ମେଘ ଭଳି ରୁହିବୁ ଉନ୍ମାଦ
ହୋଇ-; ସେ ନିଜକୁ ରକ୍ଷା କରି
ଆସିବ ହିଁ ଫେରି।

ଏଇ ଯା' ସମୟ ଲାଗିବ
ଏତିକି ଅପେକ୍ଷା କର, ବସୁଦେବ।।

ତା ୧୯-୯-୭୪

ବନବାସ

|| ୧ ||

ଥାଉ ପଛେ ଅଭିଷେକ
ଥାଉ ପଛେ ମଣି ମୁକ୍ତାର ଗାଲିଚା,
ଥାଉ ତୁମ ଅଂଗର ସାମ୍ରାଜ୍ୟ
ଅବିଭାଜ୍ୟ;
ମୁଁ ଚାଲିଲି ମାରିବାକୁ ବିଲଂକାରାବଣ
କାହାର କ୍ଷମତା ଅଛି ଲେଉଟାଇ ନେଉ ଆସି ମୋ ପ୍ରତିଜ୍ଞା ବାଣ।
ରମଣୀର ରୂପ ପରି
ଯଦି ତାର ଅହଂକାର ହୁଅଂତା ସୁଂଦର,
ତେବେ ଏତେ ଦୁଃଖ କ'ଣ
ତେବେ ତୁମ ସତୀତ୍ୱର ପରାକାଷ୍ଠା ଛାଇଥାଂତା ଅଯୋଧ୍ୟା ନଗର।।

ତଥାପି ଧୋବଣୀ ମୁହେଁ
ତୁମ ଗ୍ଲାନିର ନେତ ଉଡ଼େ ଫରଫର
ରଖ କି ତାହାର ଖବର,
କାହା ପାଇଁ ବନବାସ;
ତୁମର ଉଦ୍‌ବିଗ୍ନ ମନ
ଛଳନାର ଏକ ସୁରମ୍ୟ ଉପବନ।

ଲକ୍ଷ୍ମଣର ଦୋଷ ବା କ'ଣ ?
ସେ କ'ଣ କାଟି ନାଇଁ
ତିନୋଟି ସତର୍କ ଗାର
ତା' ଅକ୍ଷୟ ତୂଣୀର ତୀରରେ ? ?

ରାବଣର ଦୋଷ ବା କେଉଁଠି ?
ଭିକ୍ଷୁକର ବେଶ କ'ଣ ଚାପି ପାରେ ରାଜାଂକ ଦେହର ଗଂଧ
କସ୍ତୁରୀ ଚଂଦନ କ'ଣ ଲୁଚାଇ ପାରେ
ସେଇ ଦୃଷ୍ଟି ଯାହା ଥିଲ କାମନାରେ ଅଂଧ;
ତା' ହାତର ସ୍ପର୍ଶ କ'ଣ ନ ଥିଲା ଉଦ୍‌ଭିନ୍ନ
ତା' ଆଶ୍ଲେଷର ଅପଚେଷ୍ଟା ତମ ସ୍ୱଚ୍ଛ ବସ୍ତ୍ର କରିଥିବ ଛିନ୍ନ;
ସବୁ ଜାଣି, ଲକ୍ଷ୍ମଣଙ୍କୁ କରିଲ ସଂଦେହ
ସୁନାର ହରିଣ ପରା ଏ ସଂସାରେ ଏକ ଅସଂଭବ ମୋହ।।

ତୁମର ଯୁକ୍ତି :
ରାବଣ ଛୁଇଁନି ତୁମର ଅଂଗ
ସେ ନେଇଛି ତୁମ ଛାଇର ପ୍ରତିବିଂବ।

ମୋର ପ୍ରଶ୍ନ :
କେଉଁ ମଣିଷର ଛାଇ ତା ଦେହଠୁଁ ଭିନ୍ନ
ଏପରିକି ମାୟା ମୃଗର ଛାଇ କ'ଣ ନ ଥିଲା ଉତକୀର୍ଣ୍ଣ
ଜଙ୍ଗଲର ବୃକ୍ଷ ଗହଣରେ କିଂବା ପାର୍ଶ୍ୱବର୍ତ୍ତୀ ପୁଷ୍କରିଣୀ ଜଳେ;
ଠିଆ ହେବାର ଭଂଗୀରେ ଛାଇର ଚେହେରା ବେବାକ୍ ବଦଳେ।।

ଛଳନାର ବି ଏକ ଛାଇ ଅଛି
ଯାହା ସ୍ପଷ୍ଟ କରିଦିଏ ମଣିଷର ଭିତର ମଣିଷ,
ସେଥିପାଇଁ ଅନ୍ୟ ଆଖିର ଲୁହ କ'ଣ
ସବୁବେଳେ ଉଦ୍ରେକ କରେ ଅଶ୍ରୁ ରେଖାର ପରଶ;
ପୁନଶ୍ଚ :
ମନର ଲୁହ କଣ ଦେଖାଯାଏ ସଚରାଚର
ଅପର ମନର ଲୁହରେ କ'ଣ ମିଳେ ଏହାର ଉତ୍ତର।

ତେଣୁ କାହିଁ କହୁ ଅଛ

ସେ ଧରିଲା ତୁମ ବାହୁ ଓ
ବଳାତ୍‌କାରେ ଟାଣି ନେଲା ଅଦୂରସ୍ଥ ବିମାନ ଗର୍ଭକୁ;
ସବୁ କ'ଣ ପୁରୁଷର ଚରିତ୍ର ସ୍ଖଳନ
ନାରୀ ଖାଲି ମୌନ ସାକ୍ଷୀ; ସ୍ପନ୍ଦନହୀନ;
ଯୁଗାଂତର ସେ କହିଛି ନିଜକୁ ନିର୍ଦ୍ଦୋଷ ଓ ଉତ୍ତାପ ରହିତ
କେବଳ ପୁରୁଷ ଯାହା ତା' ବିବରକୁ କରେ ନଖାଘାତ;
ତେଣୁ ଭାଗ୍ୟ ଦୋଷ ନାମେ ତୁମେ ସ୍ପର୍ଶ କରିଥିଲ ରାବଣର ବିକ୍ରମ ବକ୍ଷକୁ ?

ସେଥିପାଇଁ
ଦିନ କୁହ
ରାତି କୁହ,
ଘର ଘର ବୁଲି ତୁମେ କହୁଛ ଲୋକଂକୁ
ଏପରିକି ଅସହାୟ ପଥଚାରୀ ଗୁପ୍ତ ସନ୍ନ୍ୟାସୀକୁ :
ତୁମର ସର୍ବସ୍ୱ ନେବାର ଲୋଭ ଲୁଚାଇ ମୋ କବିତା ଭିତରେ
ମୁଁ ଦାନବ ଆସିଥିଲି ଛପି ଛପି ଅକସ୍ମାତ୍ ଚିତ୍ରକୂଟ ଦ୍ୱାରେ ।।

ପବନର ବି କାନ ଅଛି

କାହାକୁ ମାଗୁଚ କ୍ଷମା
ଆଜି ଭଳି ପବିତ୍ର ଅପରାହ୍ଣ ଛାୟାମଂଡଳରେ
ଆଗରେ ଟ୍ରାଫିକ୍ ବଂଦ, ପଛରେ ରୁଧିରାକ୍ତ ଅତୀତ ବିଦାରେ;
ତା'ର ବିଷାକ୍ତ ନଖ କରେ ତଚ୍ଛନଚ୍ଛ;
ଯାହାକୁ ମାଗୁଚ କ୍ଷମା ତା' କଂକାଳ ଝୁଲେ
ହିଂସାର କଂଟାରେ ଚିରି ତା'ର ନୀଳ ଆଖି, ଲୋହିତ ଅଧର,
ମଣିଷ ମାଂସ ଲୋଭୀ ପକ୍ଷୀ ମଧ୍ୟ ନଇଁ ଗଲା ଲଜ୍ୟାରେ ସେ ବେଳେ
ରତ୍ନଭଂଡ଼ାର ପରି ମୃତ୍ୟୁକୁ ସେ ବୋହିଲା ତା'ର ହାଡୁଆ କାଂଧର
ପୂର୍ଣ୍ଣ ଫାଲ୍‌ଗୁନରେ। ସେ ହାରି ବି ହାରି ନି ଅଥଚ।।

ଜାଣିବାକୁ ଚାହିଁଛ
କେମିତି ଅଛି ମୁଁ
ତମ ଭଂଗାରୁଜା ଉଆସରେ;
କାହିଁ ପବନର କ'ଣ କାନ ନାଇଁ
ଆଖି ନାଇଁ-, ତା' ମୁହଁରେ କ'ଣ
ସାଇଁ ସାଇଁ ନିରାଭରଣ ଆର୍ତ୍ତନାଦ ନାଇଁ;
ସେ କହି ପାରିଥାଂତା। ସୁଖର ଦିନ କେଡ଼େ ଚଂଚଳ
ଖସି ପଡ଼େ ଓ କାମନାର ମୁହୂର୍ତ୍ତମାନେ ଜଣାଯାଂତି
କେଉଁ ପର୍ବତ ଗୁହାର ଆଦିମ ଅଂଧାର ପରି ସ୍ୱପ୍ନହୀନ।

ମୁଁ ଆଜି ଏକ ପୁରାତନ ଅଭିନେତା ଯାହାର
ଦର୍ଶକ ଖୋଜେ ସକାଳରେ ନୂଆଖରା
ରାତିରେ ଭିନ୍ନ ଆଲୋକର ତରା;
ସେମାନେ ଜାଣଂତି ନାଇଁ ଯେ ତୁମେ
ମୋତେ ଶୁଆଇଛ ଯେଉଁ ସ୍ଥାନେ ପୋଷା ପାରା
ଭଳି ଗୀତ ଗାଇ ଗୁମୁରୁ ଗୁମୁରୁ-; ତାହା ଏକ
ସମାଧି ପୀଠ ଓ ମୋର ଆସନ ଛୁଇଁ ଦୁଇଟି କବର
ହେବ ଅବା ଶତାବ୍ଦୀ ଆଗର କେଉଁ ମହାପୁରୁଷର
କିଂବା କେଉଁ ସ୍ଥାନୀୟ ଶହୀଦ୍-ସ୍ମୃତିର। କିଛି କିଛି
ମୁହୂର୍ତ୍ତ ଆସେ ସୁଖରେ ଗାଧୋଇ ଓ ପରେ ଗଡ଼ିଯାଏ
ପରାଜିତ ସମ୍ରାଟଂକ ସମ୍ମାନିତ ମୁକ୍ତାର ମୁକୁଟପରି
ଭଗ୍ନ କେଉଁ ରାଜ-ପ୍ରସାଦରେ ଅବସନ୍ନ ତୃତୀୟ ଯାମରେ;
ପ୍ରେମ ଏକ ରାଜ-ପ୍ରାସାଦ-; ମାଟି ଅବା ମାର୍ବଲରେ
ହେଉ ଓ ମୋ ଛାଇର ଆଲୋକ ଏବେ ବି
ଦିଶୁଛି ନିଖୁଣ ସେଇ ପଥର ଚଟାଣ ପରେ ଯେଉଁଠି
ତୁମର ଦେହ ଦିନେ ଜଳୁଥିଲା ତା'ର ନିଜ ଆଲୁଅରେ।।

ଏ ସବୁ ଲେଖିବା କଥା ମନା ଅଛି ମୋତେ
ନିୟମର ସୁରକ୍ଷା ପାଇଁ ପିଂଜରାକୁ ଘର ଭାବି
ଧରି ନେବା ଭଲ-; ନ ହେଲେ ଜୀବନ କ'ଣ ?
ନ ହେଲେ ଦୁଃଖର ରାତି ଖୁବ୍ ଶୀଘ୍ର ପାହିଯିବ
ଲୋକଂକ ସଂଭାବିତ ସକାଳ ପୂର୍ବରୁ। ସେମାନଂକ
ଲାଜ ନାଇଁ କଳଂକ ଦେଖିବା ସତ୍ତ୍ୱେ ସେମାନେ ବି
ଚାହିଁଥାଂତି ଚଂଦ୍ରର ମୁହଁକୁ। ମୁଁ ସେହି ଜହ୍ନ
ଯେ କେବେ ଆସିବ ନାଇଁ ଫୁଲର ଉନ୍‌ମାଦ ଅବସ୍ଥା
ଦେଖି ଏବଂ ତୁମେ ସେଇ ଫୁଲ ଯେ ଛୁଇଁ ପାରିବ
ନାଇଁ ଜହ୍ନର ହେମାଳ କାଂଧକୁ। ତଥାପି ପ୍ରତୀକ୍ଷା ଚାଲେ
ଅବିରାମ ଦୁହିଁଙ୍କ ପକ୍ଷରେ ଓ ଦୁହେଁ ଭାବୁଥାଂତି
ଏଇ ପରା ମିଶିଗଲେ ପରସ୍ପର ଝୁଲଣ ବେଦୀରେ।।

ଲିଭିଗଲା ସେ ଯଜ୍ଞର ଅନଳ
ହଜିଗଲା ତାହାର ରକ୍ତାଭ ଧାସ;
ଏହା ବା କି ଆଶ୍ଚର୍ଯ୍ୟ କଥା
ଯେ ବର୍ତ୍ତମାନର ଅବଶିଷ୍ଟ କେବଳ ପାଉଁଶ।।

ଅନତିକ୍ରମଣ

ବଂଦର ଦେଖିବା ଲୋଭରେ
ଯେଉଁମାନେ ଏତେକାଳ ଡେଉଁଥିଲେ ବାଲିର ପାହାଡ଼
ଯାହରୁ ଝରାଇ ଲହୁ
ପଳାଶ-ଲୋଚନ ଦେଲା ଲକ୍ଷ ବିଂଦୁ ଲୁହ,
ସେମାନେ ପାଇଲେ କ'ଣ, ଆଜି ତାଙ୍କ ରକ୍ତ-ମାଂସ-ହାଡ଼
ସମସ୍ତ ଯାଇଛି ଉଡ଼ି
କିଏ ଧୋଇନେଲା ତାଂକ ପ୍ରାଣର କଉଡ଼ି।

ମୁକ୍ତା ପାଇବା ବାହାନାରେ
ଯେଉଁମାନେ ଏତେକାଳ ଖୋଜୁଥିଲେ ସ୍ୱତଂତ୍ର ଶାମୁକାର ଛାତି
ସେମାନଂକ ଘର୍ମାକ୍ତ କପାଳର ଶିଖା
ଆଉ କାହିଁ ଯାଉନାଇଁ ଦେଖା,
ବିକ୍ଷତ ନଖରୁ ଖସେ ତପସ୍ୟାର ଅକୃପଣ ପ୍ରୀତି।।

ଯୁଗାବ୍‌ଦର ଅନିର୍ମିତ ପୋଲ ଡେଇଁ
ମୁଁ ଖୋଜୁଚି ସେ ବଂଦର ଓ ସେ ମଣିଷମାନଂକୁ
ମୁଁ ଖୋଜୁଚି ସେ ଶାମୁକା ଓ ମୁକ୍ତା ପରି ପ୍ରତିଭାତ ଲୁହମାନଂକୁ,
କିଏ ଜାଣେ ଉକ୍ତ ବଂଦର କେଉଁଠାରେ
ତାହା ଆଦୌ ଅଛି କିଂବା ଆଦୌ ନ ଥିଲା ବା ନାଇଁ।

ମୁଁ ଚାହିଁଲି ସେ ନିରୀହ ମାଛମାନଂକୁ ଯିଏ
ନିର୍ବିଘ୍ନରେ ଖାଉଥିଲେ କୂଳର ଶିଉଳୀ ଓ ସେମାନେ
ଏପରି ଚାହିଁଲେ ତରାଟି ଯେପରି ଦେଖୁଛଂତି କିଛି ଇଂଦ୍ରଜାଲ

ଓ ରୂପାର ଲାଂଜ ବୁଲାଇ ନେଇ ଲେଉଟିଲେ ଦଳବାଂଧି ନିଜ ଅଂତଃପୁର।
ସେ କେଉଁ ନାବିକ ଧାଏଁ ମୋତେ ଲକ୍ଷ୍ୟ କରି
ପିନ୍ଧି ମୃତ୍ୟୁର ପୋଷାକ ଓ ଆର୍ତ୍ତକଂଠେ କହିବାର
ଭଂଗୀ ଫୁଟି ଉଠେ ଯା'ର ଅର୍ଥ 'ତୁମେ ଏଠୁଁ ପଳାଅ ବହନ
ଏଠାରେ ବଂଦର ନାଇଁ ଅଥତ ଶୁଣାଯାଏ ମିଛ ଜାହାଜର
ଶୂନ୍ୟ ଡାକ ଏବଂ ମୁକ୍ତା ପାଇବା କଥା ନିଛକ୍ ଭୋଜବାଜି ଖେଳ।।

ତଥାପି ଏତେ ମଣିଷଂକ ପାଦଚିହ୍ନ ଏଠାରେ କିପରି
ଆହୁରି ଅବାକ୍ ଲାଗେ ମୋ ପୂର୍ବପୁରୁଷଂକ ଧୂଳିହୀନ
ଛାଇ ଏଠାକୁ ଆସିଲେ କିଭଳି ଓ ସେମାନଂକ ଆସକ୍ତ
ଚାହାଣୀ ମୋତେ ତୋଳିଧରେ ବଳି ପାଇଁ ଉପଯୁକ୍ତ
ଛେଳି ବେକ ପରି ଓ ମୋର ଉତ୍ତର ପୁରୁଷ କହେ :
'ଏ ଭଂଡକୁ ଉଲଗ୍ନ କର ଏବଂ ବାଜ୍ୟାପ୍ତ କର
ଏହାର ଯେତେ ଜଡ଼ି-ବୁଟିର କୋଥଳୀ
ରାଜ୍ୟ-ସୀମା ଦିଅ ପାର କରି।'

ଧଳା ବଣ ପାରା ଭଳି ମୋର ନିଦ ଗଲା ହୁଡ଼ି
ଅଣପଖଳା ଅପରାହ୍ଣରେ ଥୁକୁଲୁ ପକାଇ ଗଲ ଯେ
ପୁଅ, 'ହେଇ ଆସିଲି ଫେରି' କହି, ନ ଆସିଲା ଫେରି।

କେଉଁ ବଂଦରରେ ସିଏ ପହଂଚିବ ଯାଇ
କେଉଁ ମୁକ୍ତାର ମାଳ ତା'ର ଗଳାରେ ଶୋଭଇ,
କିଏ ଜାଣେ ସେ ଏବେ କାହାର ସ୍ତନ ଶୋଷି
କାହାକୁ ଆଣିଦେବ ଶେଷ ନିଦ କିଂବା କେଉଁ
ମାଲିଆଣୀ ଘରେ ବେକରେ ଲଗାଇ ପଘା ମାରୁଥିବ ହାଇ।।

ଅପହରଣ

କାହିଁକି ଭାବୁଚ ଅବା
ଆମର ଏ ଶେଷ ଦେଖା ଏଇ ଜୀବନରେ,
କାହିଁକି କରୁଚ ଦୁଃଖ
ଆକାଶ କ'ଣ ଭାଙ୍ଗି ପଡ଼ିବ ଏତେ ଶୀଘ୍ର
ଆମ ଛୋଟ ମଥାନରେ;
କି ବା ଅଧିକ ପ୍ରଳୟ ଆଉ ଘଟିପାରେ
ଯହି ଦିନର ଆଲୋକ ଲିଭିଯାଏ ଠିକ୍ ମଧ୍ୟାହ୍ନରେ;
ତଥାପି ଭାବନା ତୁମେ
ଆମର ପାଦର ରକ୍ତ ଶୁଖିଯିବ ବାଟର ଭୟରେ।

ସ୍ନେହର ରକ୍ତ ନୁହେଁ ଏତେ ଫିକା ଓ ଏତେ ତରଳ
ସେ ଟଳାଏ ସିଂହାସନ, ସେ ବଜାଏ ମୃତ୍ୟୁର ମହୁରୀ;
ଭୂମିକଂପ ପରେ ମଧ୍ୟ ଆଉ ଏକ ନୂଆଁ ମାଟି
ଚାରିଆଡ଼େ ପଡ଼ଇ ବିଛୁଡ଼ି ଓ ତା' ଅଙ୍ଗେ ଅଙ୍ଗେ
ପୁରାତନ ମାଟିର ନିଃଶ୍ୱାସ, ପୁରାତନ ଜଳର ଭଉଁରୀ।।

କେଉଁ ପ୍ରେମ ଶେଷ ନୁହେଁ
ଶେଷର ଆରଂଭ ସେଠି ଲେଖା ହୁଏ ଅଜ୍ଞାତ ସାରରେ,
ତା' ହେଲେ ନାୟକର ମୃତ୍ୟୁ ବା ଅପମୃତ୍ୟୁ ପରେ ପରେ
ନାଟକର ହୋଇଥାନ୍ତା ଶେଷ ଓ ଦର୍ଶକ ଆଉ କେବେ
ଦେଖନ୍ତେ ନି କୌଣସି ନାଟକ ରୋମରାଜ୍ୟ ଶୋଇଯିବା ବେଳେ।

ଧରିନିଅ ଏ ବାୟୁମଂଡ଼ଳ ଆଉ ସଫା ହେବ ନାଇଁ
ହୁଏତ ଆହୁରି କୁହୁଡ଼ି ଆସି ଦିନକୁ କରିବେ ରାତି,
ଯେତେବେଳେ ଆମକୁ କେହି ପାରିବେନି ଚିହ୍ନି ଓ
ଆମର ଆଲୋକ ସତ୍ତା ଅନ୍ୟ କେଉଁ ଆକାଶରେ
ତ୍ରେତାଯୁଗର ମହର୍ଷିଙ୍କ ନାମରେ ହେବ ପୁଣ୍ୟଶ୍ଲୋକ ନକ୍ଷତ୍ର ବିଶେଷ;
ଭଂଗାରେଲିଂ ଫାଂକ ଦେଇ ନବବଧୂ ଡାକୁଥିବ ଚପାଗଳାରେ
ଅଦୂରସ୍ଥ ସମ୍ମୋହିତ ପୁରୁଷକୁ ତା'ର ଏବଂ ଛାତିରେ ଆଉଜି
ସେ କହିବ 'ଏଇ ଦେଖ, ଏଇ ଯେଉଁ ଦୁଇଟି ନକ୍ଷତ୍ର
ସେ ହୁଅନ୍ତୁ ଆମ ପ୍ରେମର ଜ୍ୱଳଂତ ସାକ୍ଷୀ ଓ ଆମ ଜୀବନ
ଦେଉ ତାଙ୍କ ପରି ନୀଳ ଜ୍ୟୋତିର ସ୍ୱାର୍ଥହୀନ ସ୍ରୋତ।

ଏ ପାଇଁ ପ୍ରସ୍ତୁତ ହୁଅ :
ଯେତେ ପାର ନିଜ ଭିତରେ ନିଜକୁ ବିଛାଇ ଦିଅ,
ତୁମ ଦାମିକା ଶାଢ଼ୀର ବଖରା ମଧ୍ୟେ ଆଉ ନ ରହିଲେ ବଂଦୀ
ଶେଫାଳୀ ଫୁଲର ମାୟ ଖୁବ୍ ଭଲହେବ ଓ ସେଠାରେ ଦେଖିବେ ଲୋକ
ଦୁଇଟି ସୀମିତ ଶରୀର ପରିବର୍ତ୍ତେ ଜଳୁଅଛି ଦୁଇଟି ଅନ୍ୟାନ୍ୟ ଆଲୋକର ବନ।

କ୍ୱଚିତ ଭାଗ୍ୟରେ ଘଟେ ମହା ସମୁଦ୍ର ସ୍ନାନ
ତେଣୁ କାହିଁ ଡରୁଅଛ ଆସି ଦଶାନନ
ଏ ଅଦୃଶ୍ୟ ନାଗପୁର ରାଣୀଘରେ କରିବ ପ୍ରବେଶ
ଏବଂ ମାଗିବ ଭିକ୍ଷା ଚିରକାଳ ରହିତ ହେଉ ମୋହର ପୌରୁଷ।

ସାପଖେଳ

ଅଂଧ ହୋଇଯିବା ଭୟରେ
ମୁଁ କେବେ ନୀହାରିକାକୁ ଚାହେଁନି,
ତଥାପି ଆକାଶ ଆକାଶେ ଉଠେ
ସେଇ ଛାୟାପଥ; କାହିଁ ତୁମେ କେହି ଅଂଧ ତ ହୁଅନି।

ମୋର ଗୋପନ ବ୍ୟଥା କହେ ଆଜି
ଆଉ ବେଶି ଭଲପାଇ ପାରିଥାନ୍ତା ମୋହର ହୃଦୟ,
ବିଫଳତା ଭୟରେ ଯିଏ ଆସିଛି ଓହରି
ସେ କେବଳ କହି ବୁଲେ ପ୍ରେମ ଆଣେ ପରାଜୟ;
ପ୍ରେମ ହିଁ ଈଶ୍ୱର- ଯିଏ ଜୟ କରିଅଛି ମରଣର ଭୟ।।

ଯାହାକୁ କହୁଚ ତୁମେ
ମୃତ ଚଂଦ୍ର
ମୃତ ଜ୍ୟୋସ୍ନା
ମୃତ ନକ୍ଷତ୍ରର ଭୂମି ଆଲିଙ୍ଗନ,
ସେ ନୁହେଁ ହଜିଯିବା, ଲିଭିଯିବା ମୁହୂର୍ତ୍ତର ମନ;
ଯେଉଁ ଲୋକ,
ସମୁଦ୍ରର ଗର୍ଜନକୁ ସମୁଦ୍ର ଭାବିଛି
ଢେଉର ନୀଳ ଆକ୍ରୋଶ ଦେଖି ଲେଉଟି ଆସିଛି,
ସେ କ'ଣ ଜାଣିବ କହ ସମୁଦ୍ରର ମନ
ଓ ତା' ତଳର ଭୂମିକଂପ, ତା' ଛାତିର ପ୍ରଶସ୍ତ କଂପନ।।

ସାପକୁ ଖେଳାଇ କେଳା
କରିଥାଏ ଦର୍ଶକଙ୍କ ଚିତ୍ତ ବିନୋଦନ,
କିନ୍ତୁ ତା'ର ଡାଂବୁରାରେ
ଖେଳୁଥାଏ ପଦ୍ମତୋଳା ଯାହା ଜୀବଂତ ମରଣ।

ବାହାର ଲୋକ ଦେଖେ
ନାଗକେଶର ଫୁଲ ଦୋଳେ ବିନା ପବନରେ
ତା'ର ଚିତ୍ରିତ ଦେହେ ଭୟର ଛଇ ହଲେ ତୃଷାର୍ତ୍ତ ପ୍ରାଣରେ;
କିଂତୁ କେଳାକୁ ମାଲୁମ ସିନା
ସାପର ହସ ଏବଂ ତା'ର ନିଶାଗ୍ରସ୍ତ ଚାହାଁଣୀର ଅର୍ଥ,

ତେଣୁ ମୋ କାଂଧରେ ଝୁଲେ
ନିର୍ଭୟରେ ବିପାକ ସାପର ପେଡ଼ି
ପ୍ରେମକୁ କଏଦୀ କରି ପିନ୍ଧାଇଛି ବିସ୍ମୃତିର ବେଢ଼ି;

ତେଣୁ ମୁଁ ତ ଧନ୍ୱଂତରୀ
ଆସିଛି ଉତୁରି
କେତେ ଯେ ସମୁଦ୍ର ମଂଥନ କରି
ମୋ ଦୁଇ ହାତରେ ଦେଖେ ଜଳ ନିରାମୟ ଅମୃତର ପାତ୍ର।।

ବୃତ୍ତାଂତ

କେତେ ରାତି ?
ରାତି କେତେ ଅଂଧ ଭୂଣ ପଚାରଇ
ତୁହାଇ ତୁହାଇ,
ତା' ରୁଗ୍‌ଣ ମାଆର କରୁଣ ନିଃଶ୍ୱାସରେ
ଜଠରର ଅନ୍ଧକାର ହୁଏ ଘନୀଭତ,
ସେ ଗଢ଼େ ମାଦଳ ପ୍ରାଏ
ବ୍ରହ୍ମାଂଡ଼ କଳା-ସମୁଦ୍ର ବି ହୁଏ;
ଓଁ କାର ଓହ୍ଲାଇ ଆସେ ଧରି ସାକାରର ହାତ।

ଭାଷାହୀନ ପ୍ରଶ୍ନର ଲହଡ଼ି
ମାସ ମାସ ଉଦରସ୍ଥ ନିକାଂଚନ ଛାଡ଼ି
କେବେ ଯିବ ଧରି ଜ୍ୟୋତି ରୂପ,
କେବେ ସେ ସକାଳ ପୁଣି ଧରାଦେବ
ଗୃହ ତ୍ୟାଗୀ ଗେହ୍ଲା ବଡ଼ ପୁଅପରି ନିଜ ମନେ
ଦାଂଡ଼ ଦୁଆରରେ, ଦେହରେ ଝଲସି ଥିବ ସୂର୍ଯ୍ୟର ତାପ;
ସେତେବେଳେ ଶୋକାତୁରା ଜନନୀର ଡାକ
ରାତ୍ରିଶେଷ ସ୍ୱପ୍ନ ପରି ହୁଏତ ବା ଜଣା ପଡୁଥିବ।

କେଉଁଠୁ ବିଛିନ୍ନ ହୋଇ
ପୁଣି କେଉଁ ବିଛିନ୍ନତା ବୋଧର ନିଶାରେ
ସେ ପାଇଲା ହାତଗୋଡ଼ ଓ ଶବ୍ଦର ଶିକୁଳୀ
ତେଣୁ ତ ଭୂମିଷ୍ଠ ହେଲା ଆଖି ମଳି ମଳି।।

ତା' ଶବ-ସାଧନା ପର୍ବ
ଏହାପରେ ହୋଇଲା ଆରଂଭ,
ଆପଣାର ଶବର ଆସନ ମେଲି
ସେ ବସିଛି, ଚତୁଃଦିଗେ କିଳିକିଳା ରବର କାହାଳୀ;
କାହିଁ ତା'ର ଦେହହୀନ ଦେହ
ଏବଂ ମନହୀନ ମନର ଯନ୍ତ୍ରଣା;
କାହିଁ ସେଇ ମାତୃଗର୍ଭ ଅଂଧକାର
କାହିଁ ସେଇ ଚକ୍ଷୁହୀନ ଅଶ୍ରୁର ଅଗଣା।

ସେ ଅଂଧାର ଠାରୁ କଳା ଏଠି ଉଭା
ତା ମାଆର ପୂର୍ଣ୍ଣକଳା ରୂପ,
ବାମ ହାତେ ଝୁଲେ ତା'ର ରକ୍ତାକ୍ତ ମସ୍ତକ
ବରାଭୟ ମୁଦ୍ରା ହାତେ ସେ ଦେଖୁଛି ଏକ
ପଦ୍ମାସନ ଯେଉଁଠି ତାହାର ପୂର୍ବ ମୁହଁ ହସେ
ଅପୂର୍ବ ଜ୍ୟୋତିରେ ଓ ନିଜର ଶବ ଗଢ଼େ କୁଶପାତ୍ର ଜଳେ।

ଇଏ କେଉଁ ମିଳନର ତୀର୍ଥ
ଯେଉଁଠି ଆକାଶ ଏକାଠି ହୁଏ ସମୁଦ୍ର ସହିତ।।

(ବିଶିଷ୍ଟ ତଂତ୍ରସାଧକ ତାରାପ୍ରଣବ ବ୍ରହ୍ମଚାରୀ ତାଙ୍କ ରଚିତ। [ତଂତ୍ର ସାଧନା ଓ ତାଂତ୍ରିକ କାହାଣୀ' ନାମକ ପୁସ୍ତକରେ ନିଜ ଜୀବନର ଦୀର୍ଘ ବର୍ଷମାନଂକର ତଂତ୍ର ସାଧନା ସଂପର୍କରେ ସତ୍ୟାନୁଭୂତି ବର୍ଣ୍ଣନା କ୍ରମରେ ଏକ ଅଦ୍‌ଭୂତ ଦୃଶ୍ୟର ଅବତାରଣା କରିଛନ୍ତି। ସୃଷ୍ଟି, ସ୍ଥିତି ଓ ଲୟର ଏକ ମୂର୍ତ୍ତିମାନ ପ୍ରତୀକ କାଳୀ ବା ତାରା ଯାହାଂକ ଏକ ହାତରେ ସେ ଦେଖିଲେ ଶବର କଟା ମୁଣ୍ଡର ରକ୍ତାକ୍ତ ଅବସ୍ଥା, କିନ୍ତୁ ଆହୁରି ଆଶ୍ଚର୍ଯ୍ୟ ଯେ ଅନ୍ୟ ହାତର ବରାଭୟ ମୁଦ୍ରା ମଧ୍ୟରେ ଏକ ପ୍ରସ୍ଫୁଟିତ ପଦ୍ମ ମଝିରେ ସେଇ ଶବର ପ୍ରଶାଂତ ଓ ପ୍ରଫୁଲ୍ଲ ମୁହଁ। କୌଣସି ଗ୍ଲାନି ନାଇଁ, ନାଇଁ ମୃତ୍ୟୁ ଭୟ। ତେଣୁ ମା' ହିଁ ହେଉଛଂତି ଉଭୟ ମୃତ୍ୟୁ ଓ ଅମୃତ୍ୟୁର ଆଧାର। ଯେଉଁଠି ଉଭୟ ବିଲୀନ] ଏଠି, ଏଇ କବିତାର ମା' ଉଭୟ ଭାବରେ ଗ୍ରହଣ କରାଯାଇଛି। ନିଜର ମା' - ରକ୍ତ-ମାଂସର ଓ ଅନ୍ୟ ସେଇ ଚିନ୍ମୟୀ ମା'। ପ୍ରଶ୍ନ ପଚରା ଯାଉଛି ସେଇପରି ଏକ ଶିଶୁ ମୁହଁରୁ ଯେ କିଏ ଏଯାଏଁ ମଣିଷର ଆକୃତି ଗ୍ରହଣ କରିନାଇଁ; ତେଣୁ ତା'ର ପୂର୍ବ ଜନ୍ମର ସ୍ମୃତି ଥିବା ସ୍ୱାଭାବିକ। ଏହା ଏକ **Metaphysical aspect** ଏବଂ ଏହାର ଚିରଂତନତ୍ୱ ଯଥେଷ୍ଟ। ତଂତ୍ର ସାଧନା ସଂପର୍କରେ ଧାରାବାହିକ ଅନେକ ପୁସ୍ତକ ଅଧ୍ୟୟନ ବେଳେ ହଠାତ୍ ଏଇ ପୁସ୍ତକର ଉପରୋକ୍ତ ସତ୍ୟ ଘଟଣାଟି ମୋତେ ଆକୃଷ୍ଟ କରେ; ତେଣୁ ଏଇ କବିତା।)

BLACK EAGLE BOOKS

www.blackeaglebooks.org
info@blackeaglebooks.org

Black Eagle Books, an independent publisher, was founded as a nonprofit organization in April, 2019. It is our mission to connect and engage the Indian diaspora and the world at large with the best of works of world literature published on a collaborative platform, with special emphasis on foregrounding Contemporary Classics and New Writing.

www.ingramcontent.com/pod-product-compliance
Lightning Source LLC
Chambersburg PA
CBHW020547080526
44583CB00013B/1036
* 9 7 8 1 6 4 5 6 0 0 9 2 3 *